跨文化视域下英语教学研究

赵海峰 著

哈尔滨出版社
HARBIN PUBLISHING HOUSE

图书在版编目(CIP)数据

跨文化视域下英语教学研究／赵海峰著. — 哈尔滨：哈尔滨出版社,2023.7

ISBN 978-7-5484-7430-2

Ⅰ.①跨… Ⅱ.①赵… Ⅲ.①英语—教学研究 Ⅳ.①H319.3

中国国家版本馆 CIP 数据核字(2023)第 138964 号

书　　名：跨文化视域下英语教学研究
KUAWENHUA SHIYU XIA YINGYU JIAOXUE YANJIU

作　　者：赵海峰　著
责任编辑：李金秋
装帧设计：钟晓图

出版发行：哈尔滨出版社(Harbin Publishing House)
社　　址：哈尔滨市香坊区泰山路 82-9 号　　邮编：150090
经　　销：全国新华书店
印　　刷：三河市嵩川印刷有限公司
网　　址：www.hrbcbs.com
E - mail：hrbcbs@yeah.net
编辑版权热线：(0451)87900271　87900272
销售热线：(0451)87900202　87900203

开　　本：710 mm×1000 mm　1/16　印张：9.5　字数：100 千字
版　　次：2023 年 7 月第 1 版
印　　次：2024 年 1 月第 1 次印刷
书　　号：ISBN 978-7-5484-7430-2
定　　价：68.00 元

凡购本社图书发现印装错误，请与本社印制部联系调换。

服务热线：(0451)87900279

目　录

第一章　文化和语言概述 ··· 1
第一节　文化概述 ··· 1
第二节　语　　言 ··· 5
第三节　文化与语言教学 ·· 10

第二章　中西文化和语言对比分析 ··· 14
第一节　中西文化的差异及其原因 ·· 14
第二节　中西文化的差异对语言教学的启示 ··························· 21
第三节　英汉词汇差异分析 ··· 23

第三章　跨文化交际与教育 ·· 35
第一节　跨文化交际概述 ·· 35
第二节　跨文化教育的主张 ··· 41
第三节　中西方跨文化教育的发展历程 ··································· 48
第四节　跨文化教育的必要性及其阻碍 ··································· 52

第四章　跨文化英语教学概述 ··· 63
第一节　跨文化教学的内容 ··· 63
第二节　文化和跨文化教学模式研究 ····································· 70
第三节　跨文化英语教学的现状 ··· 86

第四节　跨文化教学培养的途径 …………………………………… 90

第五章　跨文化英语翻译教学 …………………………………………… 95

　　第一节　语言翻译的价值 …………………………………………… 95

　　第二节　中西语言翻译的指导原则 ………………………………… 102

　　第三节　跨文化英语翻译教学中的重难点 ………………………… 109

　　第四节　英语翻译教学的问题及发展建议 ………………………… 114

第六章　跨文化背景下英语基础教学 …………………………………… 123

　　第一节　词汇教学实践 ……………………………………………… 123

　　第二节　英语语法教学实践 ………………………………………… 136

参考文献 …………………………………………………………………… 148

第一章 文化和语言概述

第一节 文化概述

一、文化的由来

在中国古代,"文化"这个词,最初是由"文"与"化"两个词在语句中连接着使用,然后结合为词组,最后固定为一个词语。"文"与"化"能够由连接使用逐步固定为词语,表明"文"与"化"两个词早就有相近相通的意义,它们互相联系着,共同表述某种完整的现象与过程。

在中国的古籍中,"文"既指文字、文章、文采,又指礼乐制度、法律条文等。"化"是"教化""教行"的意思。在中国本土的语言系统中,"文化"见于殷商甲骨文的"文"字,像一个袒胸而立、身有花纹的人,后引申为各色交错的纹理,并在此基础上引申为文字典籍、礼乐制度、文德教化等含义。从社会治理的角度而言,"文化"是指以礼乐制度教化百姓。中国的"文化"偏重精神方面,文化建立在一定的生活方式上。

二、文化的含义

现在,"文化"一词来指称人类社会的精神现象,抑或泛指人类所创造的一切物质产品和非物质产品的总和。一般而言,文化是人类所创造的精神财富,如文学、艺术、教育、科学等。

文化包括服饰、饮食、生产、教育、法律、政治、风俗习惯、历史典故以及气质情感、思维模式、价值取向、宗教心态等方面。广义的文化是指人类在社会历史发展过程中所创造的物质财富和精神财富的总和,特指社会意识形态。一定文化是一定社会的政治和经济的反映,又赋予伟大影响和作用于一定社会的政治和经济。狭义的文化是指意识形态所创造的精神财富,包括宗教、信仰、风俗习惯、道德情操、学术思想、文学艺术、科学技术、各种制度等。

文化是人类生活的反映、活动的记录、历史的沉淀,是人们对生活的需要和要求、理想和愿望,是人们的高级精神生活,是人们对伦理、道德和秩序的认定与遵循,是人们生活生存的方式方法与准则。思想和理论是文化的核心与灵魂,没有思想和理论的文化是不存在的。任何一种文化都包含有一种思想和理论以及生存的方式和方法。

三、文化的特征

文化在长期发展过程中,衍生出了自身的特征,下面对这些特征进行总结。

（一）传承性

文化是在人类进化过程中所衍生和创造出的一种带有传承性的习得方式。这种传承性表明文化的非先天遗传性。人们在社会生活和交往过程中，依靠不断传承的文化得以生存和发展。这种传承性承担着人类生活的基本职能，帮助人们应对生存困境和解释生命过程。在这个过程中，人们的共同价值体系得到了构建，同时又反过来约束人们的行为。如果某些价值观已存续多年并被认为是社会的核心理念，则这些价值观一定会代代相传下去。

（二）民族性

文化往往是以民族的形式出现，是特定群体和社会成员所共同接受和共享的。这种民族性表现在三个方面：（1）同一民族使用共同的语言；（2）同一民族遵守共同的风俗习惯；（3）同一民族具有共同的心理素质和性格。

通过上述可知，文化是以民族为中心的，这是文化的根本属性。文化不可能凭空产生和存在，它植根于人类社会，而人类社会总是以相对集中聚居共同生活并有共同历史的民族为区分单位的，因此一定的文化总是在一定民族基础上生长起来的。民族群体是民族文化的土壤和载体，文化的疆界通常是和民族的疆界相一致，民族的特征除了体貌特征之外就是文化的特征，所谓民族性主要也是指文化上的特性。比如，同为上古文明，古希腊、古印度、古埃及和古代中国的文化各有独特性；同为当代发达国家，日本和美国、英、法等国之间在文化上也存在着差异。

而当一个人口众多的民族分布在广大的地域上时，保持文化在各个层次的细节上完全一致是不可能的，于是民族文化在地域性渐变的基础上往往形成一些互有差异的亚文化，形成大传统下各具特色的小传统。小传统具有区域性，是大传统的组成部分，同时又受大传统的支配和统摄。于是在民族文化的大范围内常有多种区域性文化同时并存。比如，同为中国上古文化，就有中原文化、齐鲁文化、楚文化和吴越文化的区别，并且这种区别至今仍有一定程度的遗留。

（三）稳定性

每一种文化都有着内部稳定的文化结构，如习俗、道德、世界观、人生观等，这种稳定性是文化得以发展的根基。但需要指出的是，文化的稳定性并不是指文化一成不变。文化是在稳定的基础上不断吸收外来文化，从而保持自身结构的稳定与平衡。社会生产力、科学技术、新的观念、政治格局等因素都可能推动文化的发展。这种发展使文化表层结构发生变化，但是内在文化根基保持不变。

（四）整体性

文化是不同的要素共同组成的一个整体，各个结构相互联结，各个功能相互依存，这就是文化的整体性。在文化整体性的影响下，研究者对文化的任意信息系统进行研究，最终都会展示出文化的完整图景。同时，文化的任何部分的变动，都会对其他部分产生一定的影响。

（五）动态的可变性

文化的稳定性也是相对的，并不能保证文化在历史的长河中恒久不变。一方面，既然文化是一种为了满足人类生存需要而采取的手段，那么当生存条件有了变化时，作为观念形态的文化必然要发生变化，这是文化可变性的内在原因。在人类文化史中，重大的发明（如文字、造纸术、印刷术、蒸汽机、电器、电子计算机）、重大的发现（如地理大发现中的"新大陆"、天体运行规律、能量守恒定律）都曾给文化的变迁以巨大的推动力。这是因为新的发明创造和科学技术的进步使人们的思想行为、生活方式乃至交际模式都处在不断变化之中。另一方面，从一种文化的外部而言，文化传播、文化碰撞可能造成这种文化内部要素和结构的"量"的变化，而这种"量"的变化的不断积累也可能促使这种文化发生"质"的变化，导致进化、退化、没落、重组或转移等结果。社会的发展，国家、民族之间交往的频繁和深入，政治上的风云突变和经济上的全球化趋势都使文化不断交流、碰撞乃至发生变化。比如，中国的儒家思想、汉字在东南亚不少国家的文化中也曾产生重大影响；苏联的解体、柏林墙的消失、欧洲联盟的形成不仅改变着人们的政治生活，也在改变着人们的交际模式。

第二节　语　言

一、语言的定义

语言研究的首要问题是语言的定义，所有和语言相关的研究或者相似的研究都是在对语言的根本性问题基础上进行的解答。对于语言的本质的理解直接影响到英语教学目标的制订、教学手段的运用方面。语言的定义多种多样，一般存在三种观点：工具论、结构论和功能论。三种观点从不同的角度定义语言。结构论将语言认为是一个完整的符号系统，是有结构的系统；工具论认为语言是一种工具，专门用来交流思想，是一种沟通的途径，是一种用来交际的手段；功能论则认为语言承担了社会文化的功能，语言具有社会性和文化性的特征。语言是人类认识世界及进行表达的方式和过程，这个概念直接强调了"过程"的重要性，认为语言是一种社会现象，是人和人之间进行交流的工具，是人和文化进行融合的一种媒介。语言是随着人类的发展而发展，随着人类的变化而变化的。语言和人类社会与文化有着非常密切的联系。

一般来说，语言是人类用于交际和思维的最重要的符号系统。大量的研究表明，动物没有人类这样的语言，语言是人类所独有的。人类可以使用多种工具进行交际和思维，但是语言是人类不能缺少的最为重要的工具。

二、语言的特性

（一）符号性

用甲事物代替乙事物，甲事物就是乙事物的符号。符号具有约定性和任意性两个重要的特点：所谓约定性，是指用什么代替什么事物，是由使用者共同约定的；所谓任意性，是指符号与其所代表的事物之间，没有必然的联系。比如生活中的红绿灯是符号，因为红灯与"停"、绿灯与"行"之间，虽然有一定的理据可言，但没有必然的联系，其关系是由使用双方约定的。

（二）系统性

语言由语音、语汇、语义、语法等子系统构成，每个子系统又由更小的系统构成，如语音系统可以分为音段系统和超音段系统，这样就使语言形成了不同的层级。

语言的系统性不仅体现在它的层级性上，而且还体现在任何语言单位都处在组合关系和聚合关系中。组合关系是组成结构语言单位间已经实现了的关系。如"看书"这个结构是由"看"和"书"这两个语言单位构成的，"看"和"书"在"看书"这个结构中所发生的动宾关系，就是组合关系。语言单位的组合是有层次的，需要在实际运用中加以注意。

聚合关系是一个种类的联想关系，凡具有相同组合能力的语言单位，可以在结构的相同位置上彼此替换，它们之间就存在着聚合关系。如"看书"中的"看"可以由"写""买""借"等替换，这些动词之间就具有聚合关系。语言就是由组合关系和聚合关系经纬交织起来的系统。

（三）生成性

语言是由有限的语言单位及其规则构成的有限集合。正是这种有限性，才使语言具有可学习性。但是，人们却可以利用这些有限的单位和规则造出无限的句子，自由地表达自己的意思。只是由于记忆和发音器官的限制，句子不可能无限加长罢了。生成性是语言有别于任何动物"语言"的性质，也是语言能较好地成为人类最重要的交际工具的原因。

（四）移位性

所谓移位性，指人类语言使得我们可以谈论任何不在眼前的事物。当我们谈论一个事物的时候，并不要求这一事物必须在场。我们可以谈论任何过去、现在和将来以及远方的事物，或根本不存在的东西，而动物交际是受直接刺激控制的，随受到的刺激而变化。人的语言则高级得多，可以进行抽象和概括。

（五）民族性

语言具有民族性。不同的语言在语音、词汇、语法等各系统中，都有自己的特色。如汉语在语法上缺少严格意义上的形态变化，是以句法控制词法的语言；俄语法语等语言的形态却非常发达，有"时、体、态、格、位、级、数、人称"等形态变化，是以词法控制句法的语言。

（六）特殊性

掌握语言需要发达的头脑和灵活的发音器官，即要有抽象思维能力和发音能力。人类高度的抽象思维能力和灵巧的发音能力是在长期的劳动中形成的。人类的语言单位是明晰的，而动物的"语言"则非常混乱；人类语言符号具有完全的任意性，而动物的"语言"受到很多的局限；人类语言符号结构有二层性，动物的"语言"没有结构可言；人类的语言是开放的，而动物的"语言"是封闭的；人类的语言存在于社会中，而动物的"语言"是先天的；人类的语言信息传递不受限制，而动物的语言只是临时刺激的反应。因此，语言系统是人类所特有的。

三、语言和文化的关系

(一) 语言是文化的一部分

整个社会是个语义系统,语言也是语义系统,但它是社会语义系统的一部分,从符号学角度看,整个社会是个符号系统,语言也是符号系统,而且是社会和文化这一大符号系统的一部分。不同之处在于,语言同时又是社会语义系统的编码系统,语义实际上就是文化符号。文化和语言的关系是整体和部分的关系,语言是文化的符号。

(二) 语言是文化的载体

语言是文化的符号,换句话说语言是文化的载体。文化不是与生俱来的,而是在一个民族特定的生态环境和社会环境中习得和积淀而成的。任何一个民族的语言,在其形成、发展和变化过程中都与该民族的文化休戚相关。一个民族在认识客观现实、改造客观现实的长期历史发展过程中,世世代代创造、积累、传承了自己的语言,形成丰富的词汇、多彩的词义和精练的表达法。这些词汇、词义和表达法就是这个民族文化的写照,它承载了使用该语言的民族的历史文化及风俗民情。语言成了文化主要的载体,主要的符号,成了文化储存、传播和发展的重要手段。语言既然是文化的符号,文化的载体,它的发展当然依赖于文化的发展。只有文化发展了,语言才能应标识和承载文化的需要而存在发展。比如词汇,必须首先在文化中出现了新事物,然后才会有表示该新事物的新词汇。

(三) 语言是文化的模具

语言是文化的符号或载体,说明语言是文化的镜子,它反映文化的面貌。但是语言不仅反映文化,它反过来还能对文化产生影响,成为文化的模具,规约文化。比如,汉语中有一整套的谦辞和敬辞、称谓亲属词和一系列习惯表达法,用以显示地位高低、贫富差别和长幼序列。这一套套的词汇和表达法就像一个个模具,规约着人们的交际模式和行为准则,对中国文化的发展产生了深远的影响。

再以思维与语言的关系来说,思维是精神文化的重要部分。我们可以认为,人类在进化过程中先有思维后有语言,决定人类思维的首先应该是客观现实,不是语言。或者说,人的思维所反映的不是什么语言世界,而是客观现实世界。但是,当人类的思维进入有语言的阶段后,也就是思维主要由语言来表达时,某个特定的民族在其特定的社会文化背景下,思维的过程就会被某种特定的语言表达式凝化,从而形成一定的模式,而这凝化了的语言模式会对思维的进一步发展产生强大的影响,它们会反过来像模具似的凝化思维模式。

第三节 文化与语言教学

随着社会的进步与发展,国际交流的机会增多,掌握一门或几门外语已成为衡量人才的一个必要条件,外语教学也随之发展。早期的中国外语教学工作者对于外语教学理论的探讨并不重视。然而,经过时间的验证,人们发现单纯的学习语言不能满足跨文化交际的需要。语言是一种交流工具,学习语言的最终目的是交际。在真实交际中,仅掌握语言知识,即语法正确、语音标准是不够的,交际发生在语境中,很大程度受文化的影响和制约。

一、文化教学的目标与内涵

文化教学致力于传授人们交际或与外语教学有关的文化知识，也就是研究两种社会文化的相同和不同之处，使学生对文化差异有较高层次的敏感性，并把它用于交际中，从而达到成功交际的目的。文化意识和跨文化交际能力的培养需要教师的帮助和引导，需要在英语课堂教学过程中，把文化教学融合于语言教学的长期努力。传统意义上的文化教学是教授目的语国家的历史、地理、国家机构、文学艺术以及影响理解文学作品的背景知识。

文化教学不仅仅是讲授不同国家的文化现象或者传授给学生一些文化知识，还要培养他们的跨文化交际能力。如果学生只是死记硬背一些文化事实，往往会造成在跨文化交际过程中因循守旧、不善变通的后果，因为文化不是一成不变的。只有真正掌握跨文化交际的原理和技巧，才能以不变应万变，达到得心应手地进行跨文化交际的目的，这才是文化教学的真正内涵。

二、文化在语言教学中的重要性

外语学习由几部分组成，包括语法能力、交际能力、语言的准确性和对本国文化及其他文化的态度转变。无论对于研究者还是普通外语学习者而言，文化能力，即有关风俗、习惯、信仰和意义系统的知识，毋庸置疑地应该成为外语学习不可分割的一部分，许多教师已经把文化教学作为一个教学目标融入语言课程中。语境中蕴含着文化规则，发生在具体语境中的交际行为受文化的限制，所以实现有效、得体的交际要求交际者既了解语言的语法知识（语法能力），又能够解读语境中蕴含的文化意义（交际能力或文化能力），两种能力相互补充形成交际能力。

把语言仅仅当作一种符号，只学习语法规则无疑是一种错误的观念。在某种程度上，如果只对与语言有关的社会动态给予关注，而不能对社会和文化的结构有深远的洞察力，也可能导致跨文化交际中的误解。所以，外语学习就是外国文化的学习，在外语课堂中应该教授文化，这是毫无疑问的。值得争论的是"文化"的含义是什么，怎样才能将文化融入语言教学中。

文化语用失误比单纯的语言错误更容易在跨文化交际过程中造成不良影响。对于语言错误来说，因为受话者很容易发现表面的语言错误，如语法错误、语音不准确等，受话者充其量认为说话者缺乏足够的语言知识，可以谅解，甚至会对说话人敢于交谈的勇气表示钦佩。而对于文化方面的语用失误，受话者却不会像语法错误那样看待。如果一个能说一口流利外语的人出现语用失误，他很可能被认为缺乏礼貌或不友好。他在交际中的失误便不会被归咎于语言能力的缺乏，而会被看作粗鲁或敌意。所以，外语学习者在学习一门语言时不应忽视目的语文化。随着文化在语言习得中的重要性逐渐被肯定，语言教学研究者和工作者开始进一步探讨如何能够有效地在外语教学过程中渗透文化知识，于是就产生了"文化教学"这一概念。第二语言教学的目的主要是培养学生把语言作为交际工具来掌握。寓语言教学于文化背景的目的之一是发现并排除干扰语言交际的因素。不同文化层上的语用失误贯穿于英语学习和使用的每个阶段,因此,不同阶段的语言教学应与不同层次的文化教学有机地结合起来,从而建立一个相应的文化认知系统,以使学生英语水平得到全面提高。

第二章 中西文化和语言对比分析

第一节 中西文化的差异及其原因

一、中西文化差异

（一）思维方式的差异

1. 圆形思维和直线形思维

根据卡普兰提出的文化思维对话模式，西方的思维是直线形，而东方人的思维是螺旋形的，即以反复而又发展的螺旋形式对一种问题加以展开，尽量避免直接切入主题。中国传统的宇宙观强调"天人合一"，反之，西方宇宙观主张"天人相分"，认为事物之间是独立的，一切都在向前发展变化。因此，英语语篇一般按直线展开，通常包含四个部分：导入、主题、支撑、结论。整个语篇是一个完整的统一体，表达的思想要做到与语义直接相关，要用一定的连接手段将各个部分衔接起来，形成直线流动的实体。

2. 整体性思维与解析性思维

中国人的整体观念来自对自然界的朴素认识，按照自然界的本来面目把它当作一个整体来观察。这种思维方式善于从客观的具象出发,通过类比联想对客体进行抽象,寻求其普遍性。虽然这种整体观念比较容易把握事物发展的全貌,但难以揭示现象背后的深层原因,从而只能得出停留在现象上的结论。而在西方人那里,他们明确区分主体和客体、人和自然、精神和物质、现象和本质,并分别做出深入的分析研究。当然,其缺点在于太过孤立、片面地看待事物,缺乏想象力。

3. 直觉经验性思维和逻辑实证性思维

中国传统思维注重实践经验,因而借助直觉体验,通过直觉从总体上模糊而直接地把握认识对象的内在本质和规律,对事物的认识只满足于对经验的总结和对现象的描述,而不追求对感性认识的深层思考与对现象背后事物本质的哲学思辨。而西方思维则具有浓厚的实证、理性和思辨的色彩。近代西方哲学家们从对主体世界确定性质的探索,到主体思维确定性质的考查,借助自然科学的成果,依赖理性的力量,以实证或思辨为武器重新确立了理论对现象世界本质的可知性,重新架起了现象世界和自在之物之间的过渡和转化的桥梁。

(二) 道德观的差异

一般来讲,价值观是文化的核心。价值观包含的种类繁多,而道德价值观是价值观的核心。道德价值观所涉及的人际关系尤为重要。中西方涉及人际关系的道德价值观差异,主要表现为集体本位和个人本位。中国文化的价值指向是集体主义,中国文化中的儒家思想核心就是"仁"的道德思想。儒学讲究"仁爱",重视"礼",讲究"仁、义、礼、智、信"。具体在政治上,主张以德治国,仁政爱民;在个人修养方面，严于律己，宽以待人。中国文化认为"天人合一"，重视的是人与自然、人与社会的和谐统一，包括人的精神思想与物质形态的一致，人的行为和自然惯性的统一两个方面，体现人与世间万物的息息相关、和谐融洽，强调天、地、人、物各安其位，和谐安好。

西方文化蕴含着深厚的宗教传统，基督教文化表现最为突出，其核心是拯救精神与博爱意识，主要信仰亦是如此。西方人认为，认识自然世界、改造世界的过程可以培养出科学理性精神。人不仅要独立于神，更要独立于自然。文艺复兴时期高扬个人主义的旗帜，以反对中世纪确立的神本位思想，唤起人们对人的价值和尊严的重视。平等观念也从个人主义中衍生出来，这是西方文化的另一基点。基督教宣称，在上帝面前，人人生而平等。平等的理念在西方人中的确是深入人心。在西方社会，从海洋贸易模式到个人主义观念和基督教平等精神的确立，也是必然的历史发展趋势。

(三) 时间观念的差异

跨文化交际中相互了解的障碍，可以归结为不同文化在一般观念和价值观念上的差异。时间观念是不同民族对时间的不同认识和理解，它是人类活动环境的基本因素，也是一个民族文化深层结构的一部分。每个文化就像拥有自己的语言一样，拥有自己的"时间语言"，对时间的态度和解释有其特定的文化背景，"时间语言"不是通过有意识的学习得来的，而是在潜移默化中不知不觉地习得的。

1. 时间序列观下的行为差异

时间序列可以简单理解为对于事件轻重缓急及实施次序的认识，是价值观念和思维方式的产物。中国人受传统环形时间观的影响，没有过多重视时间序列问题。在行事过程中却无意识地表现出重过程、重铺垫的倾向，多从大处着手把握全局，然后深入细节与重点，时间序列意识不强。对西方文化影响深远的《圣经》中，头生的都具有特殊的权利，先到的就是重要的，这种思想对西方文化影响甚深，最明显的体现是西方人的信件写日期，不是按照年、月、日的顺序，而是先写日，后写月，最后再写年。

2. 时间模糊性与精确性观念下的行为差异

由于中西方时间运行模式基本理念的完全不同，因此在时间的把握、使用上，东西方存在模糊性和精确性之差别。中国文化相信四季交叠，昼夜更替，时间是环形相接的，认为时间充裕，不必过于着急，相信时间有轮回，强调对时间的适应。

西方人有着强烈的精确意识，认为时间呈单路直线运动，有着明确的始点与终点，因而更看重的是对时间的安排，强调时间利用性与工具性。每件事都用事先计划好的时间来处理，精确而有效率，处理完后，时间又会有新的安排。在西方，不会安排好自己时间的人通常是被人所摒弃的。

（四）风俗习惯的差异

在饮食文化上，中国人认为"民以食为天，食以味为先"，讲究食物色、香、味俱全，追求即视感与心理愉悦度。而西方人重视"以人为本"，在烹饪时从头到尾以饭菜的实际应用价值为美食的评判标准，重视膳食对人身体健康的好处，不讲究外观形态和饭菜的其他效果。东方人以素食为主，西方人以肉食为主。在服饰文化上，中国人衣着配色所钟爱的和追求的色彩为青、红、黑、白、黄五种正色；而在西方，充满宗教意味的色彩受到追捧，追求鲜亮的色感。在外形特征上，中国服装风格较为内敛，旨在突出身材的苗条美与协调感；西方服装的形式特色与西方人热情奔放的天性相符，追求个性与独特美的展示。在传统节日上，中华民族的主要传统节日基本上都是由时令转换而来的，具有浓重的农业色彩，中国节日里以众人吃喝为主题，体现了中国人追求健康长寿的心理；而西方的传统节日的起源都带有浓厚的宗教情结，西方节日活动以玩乐为目的，展现了西方人的游牧文化与商业文明。

二、中西文化差异的成因

（一）地理环境是导致中西文化差异的客观原因

地理环境被称为破译文化密码的关键所在。谈到中西文化的起源和成因，首先不能不涉及地理环境。文化创造既是一个人化自然的过程，也是一个自然人化的过程，不同的国家和民族必然要打上不同的自然环境的印记。如果说生产方式是文化发展的变量，那么地理环境便是文化发展的常量。正因为是常量，地理环境对文化的影响也才更深刻、更普遍、更久远，也更不容易被察觉、更容易被人忽视。每一个民族的气质中，都保存着某些为自然环境的影响所形成的特点，这些特点可以由于适应社会环境而有几分改变，但是决不会因此完全消失。一个民族永远保留着乡土的痕迹（艺术哲学），地理环境对人类社会生活的影响将与人类相伴永远。

中国自古以来处于半封闭的大陆型地理环境,而西方文化的发源地希腊半岛及其附近沿海地区是开放型、海洋型地理环境。由于环境的不同,对自然地理的描述就有所差别,而自然地理意象所引起的联想与被赋予的引申意义也就大相径庭。

(二) 经济形态的不同,是文化差异形成的主要原因

一个社会的物质生产方式,决定了人们的生活方式和人们之间社会关系的类型,而且又是该社会思想状况、伦理道德、风俗习惯的主要决定力量。而思想状况、伦理道德、风俗习惯等,一方面逐渐深化为该民族的民族特性、思维方式、行为方式等,另一方面又上升为政治制度方面的要求,最终在经济、文化、政治领域形成一个统一的社会形态。

物质生产方式的特征决定了文化心理和政治制度的主要特征,不同的文化模式和政治制度会因为具有相同的物质生产方式而具有共性。因此,中西方物质生产方式的差异决定了中西方文化的根本差异。我国整个封建社会物质生产方式的主要特征是农业和家庭手工业的牢固结合。可以说,小农经济是中国传统社会主要的物质生产方式,农业是中国传统社会的主要经济形态。生活在农业文化氛围中,中国人知足常乐、心态平和,形成了独特的悠然、乐观的民族心态。西方多以商业为主,西方国家非常重视商业,建立的文化也多带有浓厚的商业气息。西方工商业所要求的人员的频繁流动使得西方人不像中国人那样有浓厚的故土情结。不断发展的科学技术和思辨水平,使得西方文化有种否定前人、敢于提出自己崭新见解的精神。工商业对于资本和原材料的大量需求、对于市场的渴望,再加上本国国土的狭小和自然资源的匮乏,使得西方国

家不断利用临海的优势寻找新大陆、新航线，建立世界市场。与此同时，法律和道德制约的缺乏，使西方民族寻求对异族的武力掠夺和侵略，把自己的富强赤裸裸地建立在异族的损失和贫困之上，也造成了西方文化的扩张性本质。

（三）传统主流思想的不同是形成中西文化差异的重要原因

在思维方式上中国人以辩证思维和整体思维为主要特征，具有经验综合性特点，在个人与社会的关系上，中国儒家文化主张"礼之用、和为贵"，这种和谐对称的观念深刻地影响了中国社会各方面，主张建立以集体主义为主要特征的社会。中国人所崇尚的中庸之道是孔子的基本道德准则，也是调节人际关系的一个重要原则，遵循"以儒治世、以道养身、以佛修心"的生活模式，主张天人合一，寻求人与周围环境、自然界的协调。这种观念对中国文化及中国人都产生了重大影响。西方在思维方式上以亚里士多德的逻辑思维和分析思维为特征。亚里士多德认为，逻辑是获得真正可靠的知识的方法、工具，逻辑学是哲学的导论，人们必须掌握这种方法或工具，才能进行科学和哲学研究。这种思想观念使西方文化特别注重逻辑思维和科学实验。

对中西文化差异及渊源的研究，能使我们更深刻地理解不同文化对人的认知的影响，有助于中西双方了解各自的文化价值观，跨越由此产生的交流障碍。

第二节 中西文化的差异对语言教学的启示

一、提高英语教师跨文化教学意识

英语教学一直以来与文化的传播息息相关，在教师讲授课程的过程中，文化的因素始终无法回避。因为，英语作为一门语言必然是与特定的社会和文化背景产生联系。尽管各个国家的文化传统和语言环境各不相同，文化教学的理念千差万别，但无论是英语母语学习还是二语习得，通过文化的引入促进英语教学的初衷和目的都是一致的。比如，中西方茶文化都是世界茶文化的组成部分，英语教学可以充分借鉴中西方茶文化在语言环境下的不同表达方式，提升学生对不同文化背景下英语语用的感悟。同时，英语教师还需要不断增强跨文化教学意识，尤其注重包括茶文化、宗教文化、礼仪文化等在内的目的语文化体系和语言系统的研究与理解，通过跨文化知识传授与英语教学相结合，进一步提升学生的学习积极性和学习兴趣，从而实现良好的教学效果。

二、拓展学生的跨文化知识结构

英语教学应该包括对学习者语言能力、社会文化能力和跨文化交际能力的培养。受政治文化因素的影响，我国的英语文化教学始终没有得到重视，在英语课程设置中，对于跨文化教学尚没有具体规定和标准，缺少教学课时、教学内容和教学方式等硬性要求，导致英语跨文化教学目标不明确，英语文化教学的有效实施尚存在发展和提升的空间。传统的英语教学模式下，学生的跨文化知识结构单一，二语习得深深地受到母语传统文化影响，"中国式思维"导致学生"中国式英语"等现象。为此，英语教师需要在构建学生的语言知识结构的同时，拓展学生的跨文化知识结构。在讲授主干英语知识结构时，不仅需要讲解语法、词汇等语言知识，还应根据教学的内容传授相关英语国家文化背景知识。

三、创新英语跨文化教学方法

英语语言的学习应立足于课堂教学，但也不能拘泥于课堂教学，这是由英语语言的功能和跨文化交际的需要所共同决定的。提高学生在跨文化交际过程中的语言使用能力和交际能力需要在跨文化教学方法上进行创新。在实际英语教学中，教师可以将课堂英语教学与课外英语自主化学习结合起来，通过英语角、英语沙龙、英语研讨、英语演讲、英语晚会等形式，加强学生的口语交际能力培训，提高学生的英语口语交际能力。同时还可以组织学生观看英文电影和阅读英语文学作品、大众性报刊等，并对影视作品和文学作品、报纸杂志等进行适当的点评交流，使学生充分了解和掌握西方文化背景，掌握英语语言风格，丰富语言文化知识，提升学生的跨文化意识。另外，有条件的高校还可以组织开展联欢活动，并邀请外教或外籍人士参与，通过面对面交流的形式，接触到西方英语表达的第一手资料和信息，扩展学生的英语视野，加深学生对西方文化的理解，锻炼学生的英语口语表达能力。

语言是文化的重要载体，更是文化的反映。英语教学既是一种语言的学习，也是一种文化的交流和适应。学好英语离不开对目的语国家社会、文化的理解和掌握。在经济全球化的今天，随着对外交流与合作的不断扩展，基于不同文化背景下的英语交际变得越来越普遍。中西方文化的差异性为英语跨文化教学提供了很好的启示。在英语教学中，注重培养学生的语言能力、社会文化能力和跨文化交际能力已经成为英语教育的必然趋势。

第三节　英汉词汇差异分析

由于语言诞生的文化背景不同，英语和汉语两种语言自身也存在较大的差异。对不同语言进行对比分析不仅有利于教学和翻译，也有利于语言交际。通过对比分析，人们可以进一步认识外语和母语的特性，在交际时，能够有意识地注意不同语言的表现方法，以顺应这些差异，防止出现表达错误，避免运用失当，从而达到交际的目的。

英语学习和教学必须建立在不同语言和文化对比分析的基础上。英汉互译的一些基本原则和技巧，如选词、转换、省略、重复、增补、变换、拆离、重组等以及时态、语态、习语、术语等的译法，都集中地体现了英汉的不同特点。英语学习之所以困难，归根结底是因为两种语言的语言差异和文化差异所造成的障碍。而对比研究就是在两种语言的各个层面上发现相似性和差异性，以便为以后的英语教学与学习打下坚实的基础。因此，对比分析和归纳这些差异便成了英语教学与学习过程中必不可少的步骤。

一、谱系

英语属于印欧语系，是一种拼音文字，单词没有四种声调，但句子可以有不同的语调；汉语属于汉藏语系，是一种表意文字，音节有四种声调变化，语调也很丰富。

二、语言的类型

从语言形态学分类来看，英语是从综合型向分析型语言发展的语言，汉语却是以分析型为主的语言。

所谓综合型语言，是指这种语言主要通过词本身的形态变化来表达语法意义。所谓分析型语言，是指语言中的语法关系不是通过词本身的形态变化来表达，而是通过虚词和词序等手段来表示。

英语属于综合分析型语言，其典型特征是它有丰富的形态变化形式，主要包括构词形态和构形形态。构词形态指起构词作用的词缀变化，英语词缀不仅规模大，数量多，而且种类齐全。构形形态指表达语法意义的词形变化，包括动词的变化，各种名词、代词、形容词及副词的变化，以及上述词的词缀变化。这些变化有：性、数、格、时态、语态、语气、比较级、人称和词性等。如英语用 table 表示桌子的单数；tables 则表示复数。英语陈述句中现在时态第三人称单数，动词后要加"s"。

汉语属于分析语。其典型特征是它没有像英语那样严格意义的形态变化形式，即汉语的名词不会改变自身的形式变为复数，动词也没有时态。与英语相比，汉语的词缀构词，无论是规模，还是种类都不及英语。

汉语词语组合成句主要依靠词序和虚词。

三、词汇差异

（一）在词类划分上

英汉虽都有实词和虚词之分，语法作用也大体相同，但也有许多不同点。英语的冠词和汉语的量词与助词为各自语言所独有，没有直接的对应关系。而且，汉语中的助词是个特殊的词类，英语虽无此类助词，但其动词的时态和体式、句式陈述与疑问都与汉语的助词功能相对应。此外，汉语中也没有英语中的关系词和反身代词。就词类使用的频率来看，由于一个英语句子只能有一个谓语动词，而其他一些含有动作意义的词只能由非限定动词（不定式，分词和动名词）、抽象名词、介词以及定语从句等加以表达，这就大大限制了英语中动词的使用。相比之下，汉语中动词的使用不受任何限制，因而导致汉语多用动词、英语多用名词的现象。英语中的连词和介词的使用比在汉语中使用得要多。由于词类性质的差异，各种词类相互转换便成了英汉互译中常见的翻译技巧。

（二）在构词上

英汉词汇都使用了派生、合成、转化、缩略等构词手段，但汉语里还有一种构词法——重叠，这是英语很少使用的。

派生主要指在单词前后加上词缀。加在单词前的叫前缀，加在单词后的叫后缀。由于英语属于综合分析语言，其典型特征是词缀丰富。汉语属于分析语，其典型特征是它没有像英语那样严格意义的形态变化形式。因此，与英语相比，汉语的词缀在数量上没有英语丰富，运用范围也没有英语广泛。英语词缀分为表示人的、表示事物的、表示形状的等，可构成名词性、动词性、形容词性等词缀。汉语词缀则主要是表示人的，其后缀要比前缀丰富些，且多数后缀是名词性的。

合成指由两个或两个以上的词合成一个新词。英语中合成词有的中间可用连字符，有的直接写，汉语中合成词不用连字符，如价值、书架、骨肉、动静、风浪等。

缩略构词法在英汉构词法中都存在。英语中的缩略语通常采用合并、缩写、截短的方法。汉语中的缩略词分双音节和三音节两类。例如，地铁（地下铁路）、科研（科学研究）、高校（高等学校）、彩电（彩色电视机）、立交桥（立体交叉桥）、博士生（博士学位研究生）。

重叠是汉语构词法的一大特色。汉语中名词、动词、形容词、量词等不同词类的词中都有一部分可以重叠。英语则很少使用重叠构词法。例如，天天、年年、听听、瞧瞧、偏偏、刚刚、千千万万、家家户户、花花世界、老老少少、收拾收拾、干干净净等。

（三）在英汉词汇的词序上

英汉词序有相同之处，但也有不同之处。其不同之处主要表现在以下几个方面。

1. 英语句中单词的修饰语一般放在中心词前面，短语和从句一般放在中心词后面。汉语定语无论单词还是词组一般都放在中心词前面。例如：

This is a black cat. （这是一只黑猫。）

2. 英汉语言的状语位置差别也很大。在正常情况下，英语的谓词状语可出现在动词前后，汉语的谓词状语倾向于出现在动词之前。英汉语言的时间状语和地点状语有单位大小之分。几个同类状语同时出现时，英语中的正常顺序是先小后大，汉语则先大后小，两者顺序完全相反。

（四）在词汇的意义方面

英汉词汇存在一定的差异。

1. 英语有丰富的同义词。这里的同义词是指两个或两个以上的，彼此有同样的或者差不多同样的基本意义的词。例如，alive、live 和 living 都表示"活着的""有生命的"意思。这三个词的词义相同，但用法各异。

2. 英语中一词多义和一词多用现象相当普遍，同一个词往往属于几个词类，一个词往往具有许多不同的意义。

3. 英语词义比较灵活多变，词的含义比较广，对上下文的依赖性比较大。汉语的词义相对稳定，词的含义比较窄，对上下文的依赖性比较小。由于两个民族所处的自然环境、思维方式、社会历史、风俗习惯和文化传统不同，英汉两种语言中存在许多不相对应的词汇，主要体现在词义的部分对应和词汇的空缺。

英汉词汇空缺主要是由两种语言的文化差异引起的，它是指源语词汇所承载的文化信息在译语中没有其"对等语"或"对应语"。例如，汉语中的"老天爷、风水、跑龙套、三头六臂、炒冷饭、阴、阳、天干地支、农历节气、中医术语"等，在英语中根本就找不到对应词或对等词。同样，汉语中也没有英语中的 Karaoke（卡拉 OK）、hard drink（硬饮料)、hippie(嬉皮士)等概念。

四、句法结构差异

英汉两种语言句法差异很大,这和英语是屈折语,而汉语是非屈折语有关。英语的语言形态丰富,被称为屈折语言或有标记的语言(如用词根或词尾变化区别词类,名词的数和格,动词的时态等)。而且词与词之间的关系常用一个客观的词来表示,不像汉语要由读者自己来解读,英语客观性强,汉语主观性强。

(一)英语重形合,汉语重意合

英汉两种语言一个重形合、一个重意合的特点使得两种语言各有千秋。由于英语重形合,句法结构严谨,所以表意就十分精确;而汉语重意合,句法结构松散,所以就使得词在表达意思上责任更重些。"鸡声茅店月,人迹板桥霜",鸡声、茅店、月之间的关系,人迹、板桥、霜之间的关系都不必由作者用词语挑明,读者自会解读,甚至不用解读就有美感。但是,有人会认为这是诗,普通的文字是不能如此表达的。例如名词"纸、字"和动词"印"的关系就不是形合所能解释,而只能通过意念把握。与汉语相反,英语往往会显而易见,看不出字里行间还蕴藏着什么意思。

上面提到的英汉两种语言各自的优点都可能在翻译中造成障碍。将一个重形合的文本译成重意合的文本,最常犯的错误就是将形合的特点迁移到重意合的语言中。翻译中译者面临的困难多种多样,但要是选出最大的一个困难,句型结构的迁移则是最大的障碍。

（二）英汉语序差异

除了形合和意合方面的对比外，英汉两种语言的语序也是一个重要的对比方面。英汉两种语言的最基本的语序都是主语+谓语+宾语（简称 SVO）。因此只要是简单的句子，阅读起来没有什么困难。中国人说"I bought a book"，美国人说"我买了一本书"，都不用克服因语序不同而造成的障碍。只要将语言简化到这一步，电脑翻译就成为可能。但英汉两种语言在表达思想时并不是只用这类简单的句子，只要句型一复杂，语序造成的障碍就显而易见了。"I bought a book yesterday"，就不能译成"我买了一本书昨天"。这时将时间副词移位就是翻译时必须做的。但是，大部分人都会觉得这种移位并不构成太大的障碍。可是有些英语句子十分复杂，语序不同造成的障碍十分大。

另外，英汉两种语言中从句（子句）语序的差异也是翻译过程中要注意的问题。首先是状语从句。英语有些状语从句可以放在主句前，也可以放到主句后。

虽然 although 等引导的状语从句放在句首或放在主句后总会有些细微的差别，但这是英语语法允许的。汉语在处理这类状语从句时习惯将 although 和 because 从句放在前面，但是放在主句后也是可以接受的。因此在这类状语从句的语序上，英汉两种语言有相似性。有些状语的语序虽然在英语中可以很灵活，但在汉语里就有些限制。一般来说，在英语中既可以放到前面，也可以放到后面的状语从句译成汉语时首选的译法是将状语从句放到前面，尽管有时放到后面也是可以接受的。

除了状语从句外，定语从句（或称形容词子句）的位置也有必要对比。英语定语从句都是放在所修饰的词的右边，称为右方向分支（RBD）。但汉语的定语从句，都是放在所修饰词的左边，称为左方向分支（LBD），如"在音乐会上演奏的那位音乐家是从中国来的"，这种在展开句子的方向上不同的特点给翻译带来一些困难。英语 RBD 的特点有利于英语用定语从句表达思想："约翰读了玛丽写给真正爱着的男孩的那封信。"这正是在右面，写作者可直接译为"John read the letter that Mary wrote to the boy that Jane was in love with"，但由于汉语是 LBD，所以在被修饰的名词前放太多的信息就十分不便，因此，英汉 RBD 和 LBD 的差异给译者带来不少困难。译者既然不能在所修饰的名词前放太多的东西，就只能另辟蹊径，于是有些定语从句可以译成各种不同类型的状语从句或直接写成两个句子。

句法对比中另一个值得注意的是被动语态的对比。英汉两种语言中都有被动句，如"Steve was beaten by Tom"和"张二被李四打了"都是被动结构。但英汉两种语言使用被动句的场合不完全一致。

首先，英语语法十分严谨，一个句子必须有主语，但汉语则不然，不用主语是经常见到的。因此，英语只能用被动语态的句子，汉语可以用主动句。英语必须有主语的这一规则使英语的使用有了很大的限制，而汉语既有被动结构，又不一定要用主语的特点，反倒使是否用被动句成为一种选择。其次，在翻译中要注意的问题是汉语被动句的无形式标志特性。汉语的被动句不一定要用"被"字。有些译者常犯的错误就是不停地使用"被"字。汉语可以说"他选上了""麦子收割了"。即便是使用被动语态的标志词，也不一定要用"被"字。汉语中还有"受"

"遭""为"等都能起到相同的作用，译者要灵活运用。

（三）英语叙述呈静态，汉语叙述呈动态

英语句子多用名词，名词的使用频率大大高于动词，因而叙述呈静态；汉语句子多用动词，因而叙述呈动态。

总的来讲，名词自然地被定义为"静态"，因为它们所指的实体不论是具体（物质）名词，如 house（房子）、table（桌子）、paper（纸张），还是抽象（精神）名词，如 hope（希望）、length（长度）等都是稳定的。相反，动词自然地被定义为"动态"，动词适合（例如有表示时和体的能力）表示动作、活动、暂时的或变化的情况。

第一，英语的静态倾向首先体现在名词化现象上。它主要指用名词来表达原来属于动词或形容词所表达的概念，例如，用抽象名词来表达动作、行为、变化、状态、品质、情感等概念。名词化是英语的普遍现象，它往往可以使表达比较简洁，造句更为灵活，行文更为自然，便于表达较为复杂的思想内容。英语句子中，动词的使用受到限制，一个句子只能有一个谓语动词。此外，英语具有强大的派生构词法，英语的动词和形容词大多有相应的名词形式，再加上英语的介词十分丰富，这就使英语句子的表述倾向于静态，尤其是在政论文体和科技文体中更是如此，因为静态表述句子结构比较严谨，具有庄重感和严肃感，更能体现出哲理性和科学性。

第二，由于英语名词和名词化短语的使用十分普遍，再加上英语句子呈现重形合的特点，这必然导致介词的大量使用，因而产生了介词的优势。介词优势与名词优势结合，使英语的静态倾向更为显著。

第三，英语静态倾向还体现在英语中常常使用一些含有动态意义的形容词和副词来表达动词的意义。英语中有些形容词的词根是动词。在英语中使用这类动词的同源形态与弱化动词相结合的现象很普遍。一些由分词派生的副词或者以动词—形容词—副词这种方式派生的副词，也具有某种动态意义。

第四，英语的静态倾向还体现在其动词的弱化和虚化。英语中最常用的动词正是动作意味最弱的动词，例如 have、become、grow、feel、go、get 等，这些动词的各种形式都缺乏动态感。此外，英语还常常将动词转化或派生成名词，置于虚化动词之后做宾语，这类动词短语往往显得虚弱或平淡无味。总之，英语常常通过动词的派生、转化、弱化和虚化等手段，采用非动词的形式，如名词、介词、形容词和副词等，来表达动词的意义，因而，叙述呈静态。

与此相比，汉语由于动词没有形态变化，无谓语动词和非谓语动词之分，无定式和非定式之分，前后左右不像英语动词那样要受到限制。而且汉语的动词注重动态描写，不仅可以做谓语，还可以自由地做主语、宾语、定语、状语和补语等成分，因而使用起来相当方便。因此，汉语的特点是多用动词，尤其是在表达复杂的思想时，常常借助动词，按时间顺序或逻辑顺序，逐步交代，层层推进。

第五，汉语的动态倾向主要表现在以下几方面。

（1）动词连用是汉语常见的现象，也就是说，现代汉语句子中，可以连续使用几个动词，如汉语中的连动式和兼语式。

（2）动词或动词词组可以充当汉语句子的各种成分。

（3）汉语动词常常重叠或重复。汉语中动词的重叠或重复，可以明显地加强汉语动词感的表现力。

此外，汉语中还有大量含有对偶复意或对立并联的动词词组，例如，离乡背井、提心吊胆、前仆后继、想方设法等，这些动词词组也使得汉语句子的动态意味更浓。

由于以上特点，英汉互译的过程往往就是一个静态与动态互相转换的过程。也就是说，英译汉时，主要是英语的部分静态句要向汉语的动态句转化，部分名词、介词、形容词和副词等静态词要转化成汉语的动词。

相反，在汉译英时，汉语的动态句要向英语的静态句转化，汉语的动词要向英语的名词、形容词等转化，甚至要向具有某种动态意义的介词和副词转化。

（四）英语的"主语突显"结构和汉语的"话题突显"结构

主语突显是指主语和谓语这两个语法成分是句子的基本结构，句子中通常要有主语和谓语。话题突显指句子的基本结构是信息单位话题和评说的语言。

英语句子有严谨的主谓结构。主语不可缺少，谓语动词是句子的中心。因此，英语句子主次分明，层次清楚，严密规范。英语句子的主谓结构可归纳为五种基本句型。英语中其他句子一般看作这五种基本句型的变式、扩展、组合、省略或倒装，所有句型中都要有主谓结构。

（五）英语的"物称表达法"和汉语的"人称表达法"

汉语句子在描述事物和阐述事理的过程中，习惯使用人称表达法，即用人或有生命的事物做主语。英语句子常用物称表达法,让事物以客观的口气呈现出来,使叙述显得客观公正,语气委婉间接。

英语用非人称做主语主要分为以下两大类。

第一,使用抽象名词或无生命的事物名称做主语,同时使用表示人的动作或行为的动词做谓语,此句式常常带有拟人化的修辞色彩。

第二,英语常用被动态,表示物称表达法;汉语常用主动式,采用人称、泛称或隐称表达法。英语使用被动态,可以让叙述的事实或观点以客观、间接和婉转的方式表达出来,避免主观臆断。汉语中却少用或不用被动式,而较多地用主动式。中国人的思维重"事在人为",人的动作和行为必然是由人做的,事或物不可能自己去完成这些动作和行为,因而表达时常常说出施动者,采用人称表达法;如无人称,则采用泛称,如"有人""人们""大家""人家"等。当主语不言而喻时,汉语又常常采用无主语句,即在句中常常隐含人称或省略人称。

因此,在英汉互译过程中,译者应根据英汉句子主语表达习惯的差异,在准确理解原文的基础上,对译文的主语进行重新选择。英译汉时,可将原文的物称主语转换为汉语的人称主语;汉译英时,常常根据汉语意义,或转换或添加适当的主语,以符合译文语言的表达规范。

第三章 跨文化交际与教育

第一节 跨文化交际概述

跨文化交际是人类在长期的生活实践中形成的一种社会活动，历史极为久远。人类从远古时代就开始了跨文化的交流。一国之内不同种族、不同民族之间的战争与通婚，人们到全球各地的经商、传教和探险都是在进行跨文化的交流。中国古代"丝绸之路"的开辟、佛教的传入、郑和下西洋以及近代的"西学东渐"和五四运动时期广泛吸收西方文化，都是跨文化交流的突出例子。但是在过去漫长的历史中，大多数人生活在有限的空间内，跨文化交流并不是普遍的现象。人类频繁而大规模地进行跨文化的交流只是近几百年发生的事情，特别是进入21世纪以来，跨文化交际更成为人们生活中不可或缺的一部分。

一、跨文化交际的含义

《无声的语言》由人类学家霍尔所著，这部经典作品被认为是跨文化交际研究的基石，这是因为书中首次提出"跨文化交际"的概念。跨文化交际从表面而言是不同语言之间发生的碰撞交流，即表示母语和非母语两种不同语种的交流，实则也表示拥有不同文化背景、不同民族语言的人之间的交流。提到语言和文化，二者的学习自然相辅相成，学习外语自然包括学习目的语国家的文化。一门语言的认知背后，对目的语文化背景的学习往往不可或缺。一门语言的最终掌握的目的无非是运用自如并实现良好的交流，英语语言的掌握也是如此，最终目的是实现英语和母语之间的交流，同时，该过程也伴随着英语文化和母语文化之间的交流，这就是一种跨文化交际。同理，当学习者读取英语文章材料时，学习者和文章之间、学习者和文章写作者之间也存在跨文化交际的行为。所以，学习者阅读文章、理解内化文章的整个过程即意味着跨文化交际行为的发生。

跨文化交际的含义为两种不同语言之间的交流，以及拥有不同民族语言、不同文化背景的人们之间的交流；阅读课中的跨文化交际与普遍意义上的跨文化交际相比，具有典型性和特殊性：英语阅读实质上就是写作者"编码"，阅读者"解码"的过程，阅读中的跨文化交际是学习者通过阅读文本材料，与文本及作者之间进行的一种跨文化交流，不同的"编码"或者不同的文化背景就可能使这种交际发生阻碍，从而影响英语教学。

二、跨文化交际的特点

（一）跨文化交际主要指人与人之间面对面的交际

虽然跨文化的交流包括国家之间的交流、组织之间的交流和人与人之间的交流，但是更多地侧重人际交流的层面，特别是人与人之间面对面地交流。跨文化交际主要是指不同文化背景的人们面对面地交流。面对面的交流既包括语言交际也包括非语言交际，而且是一种双向交流和互动的过程。这也是为什么早期的跨文化交际研究特别关注非语言交际，而不太关注大众传媒的原因。因为传统的大众传媒是一种单向的交流，是传播与接受的关系，缺少面对面交流的互动性。

(二) 跨文化交际中涉及很多差异性

跨文化交际是不同文化背景的人们之间的交往，因此涉及了许多差异性。跨文化交际的特点之一就是差异性。跨文化交际涉及了深层文化，如文化传统、价值观、信仰、态度等方面的差异，也涉及了行为方式和习俗方面，如手势、衣着、语言使用的差异。另外。跨文化交际还涉及个人文化身份和社会角色方面的差异，如性别、年龄、职业、地域等方面的不同。这些差异相互作用，影响了跨文化交流的过程和结果。例如，当一位中国的中年女教师与一位英美文化中的高中男生进行跨文化交际时，不仅涉及了在宗教信仰、价值观、交往方式等方面的差异，而且还涉及性别、年龄、社会角色、个性等方面的差异。

(三) 跨文化交际容易引起冲突

由于语言、交际风格、非语言行为思维模式、社会准则、价值观等方面的差异，跨文化交际很容易产生误解和冲突。差异性是导致跨文化交际出现冲突的主要原因。例如，一个美国女学生出于好意把住在同一宿舍的泰国女生洗干净的内衣和袜子叠放在她的枕头上，结果这个泰国女生觉得受到了侮辱，一定要搬离宿舍，因为在泰国人看来，头部是神圣不可侵犯的，把内衣和袜子放在枕头上是一种冒犯。

(四) 跨文化交际的误解和冲突大多属于"善意的冲突"

虽然跨文化交际充满了冲突性，但是许多冲突往往不是出于人们恶意的动机，而是来源于人们良好的愿望。在一种文化中得体而礼貌的行为到了另一种文化中却成了无礼的举动，善良的意图却产生了意想不到的误解和不愉快。例如，接受批评时直视老师的眼睛被西方学生看作礼貌的行为，但是这种行为在中国文化中却是一种不尊重老师的表现。跨文化交际中的大多数误解和冲突都属于这种"善意的冲突"，而不是人们有意地伤害别人。

(五) 跨文化交际常常引起情感上的强烈反应

跨文化交际是一种很容易造成心理紧张的活动。人们经常提到的"文化休克"就是形容在跨文化交际中产生的心理反应。由于跨文化交际是不同文化背景的人们之间的交际，交际的过程和结果都充满了模糊性和不确定性，而这种模糊性和不确定性容易使人产生心理上的焦虑。

(六) 跨文化交际是一种挑战，更是一种收获

跨文化交际是一种挑战。因为跨文化交际中充满了误解、失败甚至冲突，所以成功的跨文化交际不是一件容易的事情。但是跨文化交际又是一种能给人带来深刻变化的活动。跨文化交际的经历使人们具有更开阔的视野、更丰富的阅历、更成熟的性格、更复杂的思维、更宽容的态度。许多有过出国经历的汉语教师都表示，跨文化交际经历给他们的人生带来了积极的影响，不仅使他们变得更加独立，具备更强的适应能力

和交往能力,更重要的是使他们更深刻地感受到世界上存在着的不同的生活方式,并且学会了理解和欣赏这种文化的差异。

三、影响跨文化交际的因素

跨文化交际能力是指通过系统的外语和文化教学培养出来的理想化的跨文化交际者所具备的能力。在经济快速全球化的今天,国际交往变得极为频繁,跨文化交际不可避免,我们在短时间内还来不及培养出足够数量的合格的跨文化交际人才。不少学者在现实生活中对外语学习者进行观察发现,在跨文化语境中能够与外国人进行无障碍交流的人非常少,绝大部分人的交际有效性和适宜性受到多种文化因素的影响。

(一) 语言的局限性

不同文化的人在进行交际的时候,首先遇到的问题就是语言中的文化障碍,尤其是双方不具有共同的语言的时候,语言中的文化障碍就变得非常明显。即便是互相具有共同的语言,但双方文化不同,语言障碍仍然会在各个层面产生,这是因为词汇、发音、语义概念以及与语言有关的文化问题等多重因素造成的。

(二) 思维方式差异

各民族思维习惯的形成都有赖于相应的文化环境,构成文化环境的主要因素有生产方式、历史传统、哲学思想以及语言文字等。其中,语言是感知和认识世界的重要手段,同时对语言的理解和掌握也是感知的重要部分。也就是说,一方面语言体现思维;另一方面,语言习得也是影响思维习惯形成的重要原因。心理语言学家认为,人类认知结构都是相同的,但是由于各民族生存的文化环境不同,使用的语言不同,其思维方式必定存在一定的差异。

(三) 交际风格差异

交际风格是指人们在传递和接收信息时喜欢或习惯采用的方式。综合中外学者关于交际风格的研究,中西交际风格差异可概括为:直接与间接差异、线性与圆式差异、自信与谦卑差异、沉默寡言与侃侃而谈差异、详尽与简洁差异、人和任务为中心与关系和地位为中心差异。通常来说,西方人在交际时倾向于直截了当,开门见山,直奔主题;而中国人交际时则习惯拐弯抹角,声东击西,兜圈子。中国人相信沉默是金,少说多听,言多必失,谈话时往往表现得非常谦卑,在谈到主题时经常是点到为止,简洁扼要;而西方人则崇尚自信,相信只有通过详尽缜密的交谈,才能达到交流和解决问题的目的。西方人喜欢就事论事,不太注重社会文化因素和人际关系对交谈主题的影响;中国人则对交谈双方的地位关系非常敏感,所谓见什么人,说什么话。因此在中国文化中,人际交流的目的之一就是建立和促进两人之间的关系,交谈的内容也尽可能以有利于建立和谐的关系为原则。

中西方两种文化的交际风格差距比较大,如果双方互不了解对方的交际风格,交往过程中难免出现文化冲突。西方人会觉得中国人不真诚,办事缺乏效率;中国人会觉得西方人自负、无礼。如果中西双方事先对交际风格差异有所了解,交际时有意识调整自己,定能取得良好的交际效果。

第二节　跨文化教育的主张

跨文化教育包括为全体学习者所设计的计划、课程或活动，而这些计划、课程或活动，在教育环境中能尊重促进文化的多样性，增强对可以确认的不同团体的文化的理解。此外，这种教育能够促进整合和学业成功，增进国际理解，并使同各种排斥现象做斗争成为可能。其目的应是从理解自己民族的文化发展到理解邻国的文化，并最终发展到理解世界文化。跨文化教育倡导文化平等、文化交流、文化发展的跨文化教育态度。

20世纪后期，跨文化教育思潮在全球化进程中应运而生，并在联合国教科文组织等国际组织的大力倡导下迅速席卷全球，对世界各国的教育理论、教育实践乃至文化形态产生了深远影响。跨文化教育思潮不仅是一种教育领域中的思想潮流，还是一种哲学价值观、一种文化批判理论和一种社会改革实践，它对人类社会及其文化的共性与特性、感性与理性、绝对与相对之间的微妙关系进行了细致的讨论与思考，表现出在特定时代下人类社会转型与学校教育变革的深刻张力。时至今日，如何确保不同文化群体享有公平的受教育权利，如何培养具有全球意识和跨文化交际能力的国际性人才依旧是世界各国教育改革所要解决的重点和热点问题。跨文化教育思潮的主张具体如下。

一、反对文化霸权与文化部落主义，倡导文化理解与文化共生

当今世界正处在一个社会交往和跨国流动极度频繁的全球化时代，不同国家、不同民族因地理、历史、语言等方面的差异形成了各自独特的文化符号与身份认同。世界范围内出现的各类文化极端现象构成了国际文化秩序的新变化、新特征和新问题。对此，跨文化教育最基本的文化立场是反对文化霸权主义和文化部落主义，倡导文化理解与文化共生，促进世界不同文化之间密切沟通与交流，推动一切优秀文化成果相互吸收与借鉴；强调"求同存异"，主张理解、尊重和保护各类弱势边缘文化，使不同群体进入文化平衡与共生的和谐状态。

在宏观层面上，跨文化教育希望在全球范围内强化民主、公正与平等的价值意识，营造一个多元文明和谐共存、团结友爱的人类社会；在中观层面上，跨文化教育主张通过理解与共情减少文化带来的冲突，消除文化优越感、文化歧视等障碍，使世界各国能够友好交流、和平相处；在微观层面上，跨文化教育旨在加强个体对不同民族、不同文化的理解，帮助个体形成独立自主、兼容并包的认知能力和判断能力，进而能够在跨文化环境中成长和发展。跨文化教育将文化差异视作能够丰富社会系统构成、促进社会系统运行的积极要素，提倡以积极、正面的态度应对文化多样性，在促进民族文化、本土文化认同之上建立更加广泛的世界文化认同。正如联合国教科文组织指出的那样，实行跨文化教育是建构不同民族间社会聚合、增进相互理解的必要条件，只有不断与种族主义斗争、坚持平等交流与对话，才能促进文化多样性，实现所有文化的

平等。

二、促进文化整合与文化交流，培养学习者的跨文化能力

教育既要满足文化整合的需要，使不同文化背景的学习者能够融入具有多元文化的学校、社区和社会，又要引导学习者认识、理解和尊重各类文化，与来自异文化的他人进行交流。因此培养学习者的跨文化能力就成为全球化时代人才培养的核心和重点。

跨文化能力是指个体在与不同文化背景中的人们交往时表现出有效、恰当的行为举止所需要的能力集合。它包括意识到自我的文化取向和不同文化之间的异同，理解文化压迫的含义以及文化差异对交际的影响等（知识能力）；重视自身群体与异文化群体，反对文化歧视与种族中心主义，倾向于通过跨文化交流改善生活（态度能力）；有能力辨别文化异同并进行自我反思，有能力采取多元视角理解情境差异，有能力挑战歧视行为并进行跨文化交际等。

三、全面加强课程设计，创建跨文化学习情境

跨文化教育最主要的实施主体是各级各类学校，但现有学校教育中以本地文化为中心的课程忽视了对其他文化的尊重和保护，没有引导学习者增加对自身文化和对社会不同文化群体的理解。因此，跨文化教育强调以跨文化的理念和方法对学校课程的目标、内容和形式进行深入改革。跨文化教育主张的课程改革并不是简单地增加一门或几门有关不同文化、不同民族的课程，也不是要将所有不同文化的内容都纳入现行课

程之中，而是要树立平等兼容、互尊共存的文化观念，以课程改革为先导带动整个学习情境的转变，在学校中营造多元文化和谐相处的环境氛围。

首先，整体课程目标的设定应融入跨文化要素，将跨文化能力视为学习者综合能力的重要组成部分，在知识、技能和态度等方面凸显世界范围的文化多样性，强调跨文化交际所需的心理调节与环境适应能力；各类学科课程的目标设定应体现跨文化能力目标与学科能力目标的内在一致性，尤其需要重视在外语、历史、地理、音乐和艺术等学科中强调文化互动、文化自身变迁以及文化与个体之间的联系，使跨文化能力与学科能力相互促进、彼此迁移。

其次，课程内容的选择应建立在学生不同的知识和经验基础之上，综合考虑全球化、多元化文化背景以及个体在此背景下的现实诉求，遵循共同内容与选修内容、显性内容与隐性内容、科学内容与人文内容、理论内容与实践内容相结合的原则，以此调动学生学习的积极性，使其跨文化的认知能力、情感能力和实践能力得到平衡且充分的发展。

最后，课程设置是对学习内容与组织方式的一种标准化界定，而跨文化教育必须在一定程度上超越传统课程按部就班的标准模式，根据学习者自身的具体情况和随时变化的外部环境特征，灵活恰当、及时有效地为学习者提供贴近真实生活、易于接受的文化知识。除了正式课程之外，跨文化教育还高度关注非正式课程、隐性课程的教育意义，通过多种渠道，以多种方式促进学习者的文化习得、文化内化、文化交往和文化适应。

此外，联合国教科文组织也曾针对跨文化教育的课程设计提出过一些具体的策略与原则：一是要注重课程体系的连贯性，从小学到大学都应开设相应的跨文化课程，形成一个完整、连贯的跨文化课程体系；二是要注重课程深度的渐进性，循序渐进地引导学生理解、尊重和赞赏其他文化的特征、语言和价值；三是要注重课程内容的丰富性和科学性，课程及教材的开发设计既要有教育专家、文化专家的参与，也要有人类学家、社会学家、历史学家和心理学家等的参与。

四、改进跨文化教学方式，推动多元主体动态合作

跨文化教育的倡导者认为，不同文化群体对于特定问题的熟悉程度和思考方式是不同的，许多在彼文化中被认为是显而易见的背景知识、观念和方法，对于跨文化学习者而言可能是遥远而陌生的。因此，必须在跨文化教学过程中关注学习者构建新知识时的认知缺失、观念差异和经验关联情况，以学习者能够接触到的日常文化现象为基础改进跨文化教学方式。跨文化教育主张以模仿教学、表演教学、探究教学和学校仪式教学等方式，从文化表象到文化内涵再到文化联系，将跨文化理念与能力内化到学习者的内心。首先，借助衣食住行、风俗、仪式、神话等表层文化要素来展示世界文化的多样性，使跨文化学习者对文化差异形成初步的认识；其次，引导学习者在其较为熟悉的日常生活中探索不同文化的表征方式，体会是否存在文化上的偏见或刻板印象，以此了解生活现象背后的文化关系；最后，从广泛的社会文化现象回归到具体的个体本身，探索群体文化认同对个体的身份认知和行为所造成的影响，与跨文化学习者共同思考现存问题及其改进方法，进而使学习者形成跨文化的思维意识。

跨文化教育在教学方面坚持一种动态建构、开放包容的情境观，认为学校教育在很大程度上是通过学校联通世界，而不是以"自以为"的世界代替真实的世界，只有在和社会与文化情境的互动中才能实现真正的跨文化学习，而这种社会情境脉络中的互动学习在本质上是合作性的。因此，跨文化教育格外强调教学过程中的社会参与，提倡将文化与情境的融合作为提升学生学习效果和跨文化能力发展水平的有效途径，充分调动学校、家庭、文化机构和社会媒体等多元主体的积极性，协同开展合作教学。

如何推动多元主体开展合作教学？联合国教科文组织提出了一些指导性建议：一是在学校教育过程中注重非正式途径的熏陶影响，引导学生关注外部社会性、全球性的重大问题，探究其历史背景、演变情况和发展后果，使学生形成自己的价值判断和看法；二是积极实施跨学科合作项目，鼓励学校与文艺单位、社会文化机构等合作开展文化艺术教育，同时重视实地的文化鉴赏活动，定期组织学生外出参观文化遗址和古迹等；三是加强传播媒体的教育作用，重视在广播、报纸、电视、网络等公众平台以及电影、音乐等文艺作品之中有意识地融入多样化的文化与教育因素，促使栖身不同文化之中的个体思考超越物质的文化精神问题。

五、优化跨文化教育评价，合理选择评价形式与评价工具

如何选择跨文化教育的评价方法，如何判断跨文化教育的相关课程

与教学是否有效促进了学生的跨文化能力发展，以及如何通过精心设计的评价模式更好地对跨文化学习中的诸因素进行控制、为跨文化课程及其教学调整提供信息反馈和改革依据，这些都是当今世界跨文化教育所面临的难题。一方面，跨文化能力具备多维度的结构特征，是一种包含认知能力、情感能力和行为能力等在内的复杂的综合能力；另一方面，跨文化学习与真实情境密切相关，是学校教育与社会生活交叉影响的结果，学生只有根据已有经验和交互情境不断进行协商与意义生成，才能发展自身的跨文化能力。上述特征决定了跨文化教育评价至少需要涵盖两个角度：一是对教育结果与教育目标的匹配程度进行终结性检测；二是对学生学习的动态表现进行过程性诊断。

对此，跨文化教育的倡导者提出以下几种评价形式：一是直接性评价，即在特定时间、特定地点进行的旨在直接了解学生知识掌握程度的传统式测验，包括随堂测试、期末考试和项目汇报等；二是间接性评价，即依照事先确立的标准，通过长期持续的接触和调查反映学生的学习表现，包括教师的课堂观察、学生的自我反思报告、学习小组的日常印象等；三是离散性评价，即单独聚焦于评估学生跨文化能力的某一具体方面，如学生是否掌握了与异语种个体友好交流的基本技能；四是整体性评价，即对学生在跨文化环境中的认知、情感和行为能力进行综合考察。通常来说，跨文化教育实践者应根据具体的目标和条件选择某一适切的评价形式或多种形式的组合，以便合理、高效地获得更加准确的评价结果。

跨文化教育主张以科学的技术工具支持和辅助教育评价。自跨文化教育思潮兴起以来，开发研制高信度、高效度的跨文化能力测量工具就是众多跨文化学者和研究机构共同努力的方向。

第三节 中西方跨文化教育的发展历程

跨文化教育是近几十年刚刚兴起的一个思潮，"跨文化教育"这一概念也是当代教育的一个产物，但对于跨文化教育的实践却一直存在于人类教育史和文化交流史的各个时期。

一、跨文化教育在西方的发展

西方主要国家的跨文化教育可以笼统地分为三个主要时期：中世纪时期、扩张和殖民时期、"二战"到当代时期。

（一）中世纪时期

中世纪时期主要指的是欧洲西罗马帝国灭亡到大航海时代之前将近1000年的时间。这一时期的文化特点带有鲜明的冲撞与融合的特色，宗教文化与宗教文化之间的碰撞、宗教文化与世俗文化的交融、世俗文化与世俗文化之间的影响贯穿了这一时期。基督教与伊斯兰教在这一时期得到了广泛的传播，宗教势力影响了世俗政治，诸多因素的相互交织使得异质文化的交流成为常态。跨文化教育虽然这时还没有成为一种教育形式，但却已经存在于社会生活、政治生活、经济生活、宗教生活之中。

（二）扩张和殖民时期

扩张和殖民时期主要指的是从16世纪到20世纪中叶。这一时期在文化交往史上有着重大的历史意义,16世纪之前人们生活在各自的文明起源地,固守着自己独特的语言、文化。16世纪随着大航海时代的到来,西方的海外扩张带动了文化的对外传播,使之逐渐成为全球的"典范"。工业革命彻底改变了欧美国家的生产力,也带来了社会变革,科学技术的进步与资本主义结合形成西方人的信仰、价值观、抱负和需求,并逐步发展成当代的生活方式,最终形成了通常意义上的西方文化。这一时期出现的跨文化教育带有典型的单向性色彩,即西方文化向东方传播,殖民主义国家的文化向殖民地、半殖民地国家传播,资本主义国家的文化向封建、半封建主义国家传播。西方这一期对外关系基本以侵略和扩张为主,因此当时跨文化教育的特点是在殖民地推行殖民国家的文化。

(三)"二战"到当代

"二战"到当代时期指的是1945年第二次世界大战结束到现在这70多年的时间,这一时期文化的传播与跨文化教育得到了长足的发展。第二次世界大战结束后,欧美主要国家的移民现象十分突出,各国面对国内的民族矛盾和移民子女的教育问题,纷纷制定了多元文化教育政策,以适应社会日益多元化的现状。随着各国对多元文化教育的质疑和批判,20世纪90年代中期,"跨文化教育"这一新兴的国际教育思潮正式取代多元文化教育,走上历史舞台。20世纪60年代,美国率先开始对跨文化教育的研究。1974年,国际跨文化教育、培训与研究协会在美国马里兰州成立,目前该组织已发展为拥有多个会员的国际性组织,并设立了欧洲分会。20世纪70年代中期,开设跨文化课程的美国高校就已经多达200所。相比之下，欧洲的跨文化教育起步较晚，跨文化教育理念在国民教育主流课程中的出现始于20世纪70年代末的法国。德国是欧洲跨文化教育发展相对成熟的国家。从20世纪90年代末期开始，德国各州就一直采取积极态度大规模推行跨文化教育活动，甚至将此理念融入职前教师教育改革中。目前，在英国、法国、荷兰、西班牙、美国、加拿大、澳大利亚和新西兰，跨文化教育研究已成为一种普遍现象。

二、跨文化教育在中国的发展

中国的跨文化教育可以笼统地分为四个主要时期：封建社会时期、民主革命时期、新中国成立到改革开放之前时期和改革开放以来的时期。

（一）封建社会时期

中国跨文化教育的封建社会时期最早可以追溯到汉代丝绸之路的开通，这个时期一直持续到1840年鸦片战争前。汉代开通的丝绸之路不仅是一条重要的商道，也是中国跨文化交流活动的开端。人们在进行贸易活动的过程中，也在有意无意地进行跨文化交际的活动。在这一过程中，人们逐步摸索如何与来自不同文化的人打交道，如何面对不同的文化，如何从中汲取进步的因素，而后渐渐形成了一套规则，从而逐渐形成了跨文化教育的雏形。随后的两千多年，特别是在历史上几个大一统的朝代，跨文化的交流有了进一步的发展。佛教和伊斯兰教的传播、日本遣唐使的出现、海上丝绸之路的开通、和亲政策的推行等无不在客观上将中国历史推上了跨文化交流的繁荣时期。在这一时期，中国的学术和教育的发展也达到了古代文化的鼎盛阶段。明清之际，中西文化交流特点发生了新的变化,尽管中国日趋保守、传统,而西方日渐张扬、霸道,但双方在文化交往方面却取得了前所未有的进展。这一时期的文化交流具有单向性的色彩,即中国儒家文化教育对西方思想界和教育界产生了巨大的影响,具有跨文化教育意义的文化往来推动了西方社会的进步和发展,这对全球化时代跨文化教育的研究而言意义非凡。

(二)民主革命时期

民主革命时期始于鸦片战争,终于1949年中华人民共和国成立,这一时期的跨文化教育带有"西学东渐"的特征。鸦片战争以后,中国国力的衰弱导致中国文化丧失了在世界上的地位,中国在这一时期的文化交流活动从本质上讲,主要表现为"西学东渐"。在这个过程中出现了两种吸收西方文化的形式:一种是被动的,一种是主动的。中国文化吸收西方文化的被动形式表现为西方以坚船利炮打开中国大门,在侵略、掠夺的同时将自身的文化输入中国。中国文化吸收西方文化的主动形式表现为早期"师夷长技以制夷"的洋务运动,中期以新文化运动为代表的、对西方民主思想的探求,以及后期对马列主义的引入和实践。随着时间的推移,在"西学东渐"的过程中,中国人对西方文化的处理方式越来越成熟,由被动接受转为主动选择。在20世纪的上半叶,中国涌现了一大批文化巨匠,梁启超、陈寅恪、冯友兰、赵元任、王国维等一系列学者为中国跨文化研究的建立奠定了基础。

(三)新中国成立到改革开放时期

新中国成立到改革开放之前时期指的是1949~1978年这近30年的时

间，这一时期以借鉴苏联的文化为特征。特定的历史时期，特定的世界环境，人们的价值观、审美等都受到苏联的深刻影响，最突出和典型的文化现象也都与苏联文化有关。这一时期虽然也出现了对苏联以外国家的跨文化研究，但所占比例却很小。

（四）改革开放到当代时期

改革开放到当代时期。1972年中美关系正常化之后，特别是1978年改革开放以后，中国对外的跨文化行为越来越多。在跨文化教育研究逐渐引起各国教育专家的关注的同时，中国的教育专家也开始关注跨文化教育。20世纪80年代中期，中国的高校开始陆续开设跨文化交际学课程。1995年，中国跨文化交际学研究会成立，这标志着跨文化教育在中国的正式确立。进入21世纪，我国大多数高校，包括综合性大学、语言学院、职业专科院校等，都在相关专业，比如语言（对外汉语、外语语言等）、国际贸易、传媒/传播、旅游管理等专业开设了跨文化课程，当下跨文化教育在大学教育中十分普遍。

第四节 跨文化教育的必要性及其阻碍

一、跨文化教育的必要性

随着全球经济的发展，中国与世界各国之间的交流与合作更加频繁。全面提高外语教学的效率和质量，提高学生的外语实际应用能力，既是中国经济发展的迫切需要，也是中国高等教育的一项紧迫任务。教育界越来越认识到语言与文化的关系已成为英语教学的一个重要课题。英语教学不仅是语言知识的传授，而且更应包括文化知识的传播。有教育家曾说："采取只知语言而不懂文化的教法，是培养语言流利的大傻瓜的最好办法。"因此，是否把跨文化教育纳入英语教学内容，是区别传统英语教学和现代英语教学的主要标志之一。所以，英语教学在尊重不同文化的前提下，应将跨文化教育有目的、有计划地融入教学中，促进不同文化间的相互了解、相互借鉴。

这种必要性主要体现在以下五个方面：

（一）加强跨文化教育是英语教学发展的需要

人们的语言表现形式总是受到各种社会文化因素的制约。中国人在跨文化交际过程中，因为文化障碍而碰壁的"文化冲击"现象时常出现，据统计，"文化错误"要比语言错误严重得多，因为语言错误至多是言不达意，无法把心里想说的东西清楚地表达出来，但文化错误往往使本族人与异族人之间产生严重误会甚至敌意。只有具备了一定的跨文化交际能力，说话者才能有效地避免由于不同文化背景而造成的交际障碍和交际摩擦，顺利实现交往的目的。因此，外语教学不仅仅是语言教学，而且应该包括文化教学。把外语教学与文化教学相结合，有助于学生开阔眼界，扩大知识面，加深对世界的了解，借鉴和吸收外国文化精华，提高文化素养，这已成为广大外语教育工作者的共识。

（二）加强跨文化教育是 21 世纪中国社会经济发展的客观需要

随着中国改革开放的深入开展，国际交往的日益频繁，中国需要越来越多的国际人才从事国际贸易，处理国际事务，加强国际文化交流。而国际化人才的标准不仅是知识结构的优化和语言能力的强化，更重要的是文化理念的国际化，了解外国文化传统和交往礼仪，具有跨文化的交际能力。跨文化交际能力是在对双方文化相互理解的基础上，通过文化的双向交流、互动实现的。要顺利、得体地与外国人交往，仅有丰富的词汇和地道流利的语言表达能力是不够的，还必须了解他们的历史、习俗、生活方式和价值观等。

（三）促进学生社会性发展的需要

人是社会中的人，并承担一定的社会角色。个人与社会之间是相互依赖、相互依存的。人在社会中生存和发展，必须学习，而学习又离不开社会的方方面面，通过学习引导学生认识与自己生活密切相关的社会环境、社会活动和社会关系，不断丰富和发展自己的经验、情感、能力、知识，加深对自我、对他人、对社会的认识和理解，并在此基础上养成良好的行为习惯，形成科学正确的道德观、价值观和判断能力。大学教育就是学生社会性发展的推动力。

（四）实现民族自立自强的需要

面对中国相对弱势的经济地位的现实，要实现中华民族的伟大复兴和民族的自立自强，势必以学习外语为途径，博通西方智巧，批判性吸收，内化融合，强大自我；同时，应当清醒地看到西方文化给中国带来的巨大的冲击。这个文化急流和狂涛是一把双刃剑，即在文化科技交流上、"三外"（外资、外贸、外债）等外事来往上有着积极的作用，又在意识形态领域带来了严峻的挑战。随着改革开放的深入,中国综合国力增强,国际交往增多,国家所需要的是面向世界、对异国文化有深刻理解力的人才。这就要求我们在英语教学中重视跨文化教育,将之提高到应有的高度,使学生在实际交流中具备多元文化的包容性。鉴于此,在外语教学中进行跨文化教育,其意义深远。

(五) 顺应高等教育国际化发展趋势的需要

凝练、提升世界高等教育的主流意识,是进一步深化高等教育办学理念的基础。这样实施跨文化教育就成为高等教育发展的必然趋势。它有助于我们学习国外的先进教育理念与办学模式,理性地看待中国高等教育与民族文化,综合考虑全球性与民族性的问题,找到本土经验与国际经验的交融点,从而把握主流意识,创新发展,突出特色,进一步促进我国高等教育的发展。随着全球经济的发展,中国高等教育中外合作办学不断发展,在办学的过程中,由于教育主客体的多元化、教育环境的多元化、信息来源的多元化、思维方式的多元化以及社会习俗的多元化特点,其人才培养的过程必然受到不同文化的影响。因此,研究中外合作办学过程中的跨文化教育意义重大。

二、跨文化交际教育中的阻碍因素

(一) 教师方面

1. 教师缺乏跨文化教育意识和视野

外语教育是一种理念,是使学生理解目的语文化,消除文化壁垒,培养正确的跨文化意识。然而，传统的外语教学不注意语言的交际价值，即在培养学生语言能力的同时，没有重视语言的交际能力，没使学生认识到母语与目的语之间的文化差异。交际能力理论告诉我们，语言能力不等于交际能力，语言知识不等于语言运用。外语教学的目的不仅是传授语言知识，而是要培养学生能够运用所学语言的知识在不同场合对不同对象进行有效的交际的能力。

2. 英语教师的跨文化知识掌握欠缺

目前，许多英语教师的文化意识和文化教育意识不强，缺乏有关跨文化和交际方面的知识，不具备跨文化的理解力。在教学中他们只注重语言表达能力的培养，而忽视跨文化应用能力的培养。因此要求教师要加强自身素质，要在英语教学中实施跨文化教育，只有不断提高母语文化和目的语文化的修养，扩大跨文化知识视野，比较母语文化与目的语文化之间的异同，了解两种文化的差异性，加深理解，才能培养学生的跨文化意识，提高跨文化理解能力与应用能力。

（1）传统的教学模式不能满足社会的发展需要

随着全球化进程的不断加快，国家之间在政治、经济、文化和科技领域的接触及合作日益增加。中国作为人口大国，以其经济的快速增长和巨大的市场潜力吸引了世人的关注，越来越多的外国人和国外机构开始走进中国，英语作为全球通用的语言也越来越广泛地得到应用，这种新形势对英语教学提出了新的要求。然而，传统英语教学中不同程度地存在着重知识、轻能力的现象，在教学方面表现为注重词汇和语法结构讲解，忽视语言背后文化知识的学习，造成学生的交际能力差，与社会需要存在差距。这种传统的教学方式已经无法满足社会经济和科技文化的发展需要。

（2）教学理念方面的问题

长期以来，传统的应试教育在我国大行其道，英语四、六级的衡量标准在教师的教学理念中根深蒂固，文化的渗透在短时间内换不来学生成绩上的突破，很多教师对此嗤之以鼻，认为其满足不了自己教学成绩上的需求。然而，这种看法是十分肤浅的，毕竟大学通用英语教育是为了让学生能够更好地完成自己的人生之路，在国际化的交流和往来之中能够出色地完成自己的工作，所以英语四级和六级成绩单上的优异并不能够解决这些实际的问题。例如，与外国友人的交际中需要注意的礼节以及需要避讳的文化差异方面的内容，这些在数字化的成绩单上丝毫体现不出来。所以，跨文化交际型的英语教学模式必须在大学通用英语教学中施行，教育工作者的理念也必须随之进行改变，放弃眼前学生成绩提高的教学业绩，追求学生在英语应用能力上的突破。

3. 重视目的语文化，忽略了对母语文化的渗透

近年来，随着英语教学改革的推进，对英语教学中文化问题的日益重视，从事英语教学的教师也开始关注文化在英语教学中的作用，对跨文化教育在教学中的认识有所提高。但随之也出现了新的问题，就是在外语教学中重视目的语文化的讲解，却忽略了对自身母语文化的渗透；在教学中只强调对异文化的理解与认同，却忽视对中国文化的传授。这就表现出教师普遍对母语文化在跨文化交际中的作用认识不够，对两种文化间的异同缺乏深刻的理解，说明多数教师还不具备在两种语言的应

用上的深厚功底。

4. 跨文化教育的方法存在弊端

从目前情况看，多数教师不能灵活、有效地运用各种外语教学方法实施跨文化教育，主要表现在英语教师还不能掌握各种现代教学法与手段，特别是还不太善于根据具体教学目的需要选择最适用的教学法。在英语的教学中偏重语法和句法解释，偏重语言交际技能训练，而忽视文化背景以及非语言交际因素。知识的传授也往往注重书本知识，而对如何引导学生通过大量阅读书刊、文献等获取跨文化交际知识做得不够，对拓宽学生知识面也不够重视，方法运用也不得当。课堂教学中，大多数教师只重视语言形式的正确性，很少教授如何得体地运用语言形式，英语文化知识的介绍很少，也随心所欲，点到即止，缺乏系统性。甚至有些教师本身对跨文化语用知识就知之甚少。在遇到跨文化语用现象时，他们常用"惯用法"来做解释，但很多语言现象并非"惯用法"所能概括的，倘若一碰到常见的句型及表达法，就称为"惯用法"而让学生去死记硬背。结果是学生会因为记忆一些枯燥的句子和表达法却不会运用而逐渐对所学外语失去兴趣。以教师为中心的教学原则和方法，既忽视了学生的主体作用，也不利于培养学生的跨文化交际能力。

（二）学生方面

1. 学生跨文化意识和交际能力薄弱

长期以来，我国的外语教学缺乏目的语文化的环境，国民教育的主要活动是向受教育者一味地灌输知识，不注重对学生能力的培养。同时受整个教育体制和考试体制运作方式的制约，学生的英语学习风格也多是以背诵为主，学习英语的直接目的就是通过英语四、六等级考试，获取大学文凭。所以，考试目的往往起着主导性作用。从教学条件上看，教育经费的投入与受教育的人数增加和教育发展的需要还不相称，目前的英语教学明显不能适应经济的发展和社会的需求。另外，教师数量不足，教学水平有待提高，学习外语的学生班级人数增长幅度较大，且综合素质参差不齐，教师难以做到因材施教，学生学习也只注重书本知识的学习，忽视已有知识的运用。至于课外英语学习环境，无论是学校、家庭还是社会，都难以提供学习、交流与实践的真实环境。虽然有些学生英语表达能力较强，但跨文化理解能力普遍较弱，当语言能力提高到相当的水平之后，文化障碍更显突出。

2. 学生认识的不足和实践的缺乏

我国有高等教育背景的学生，在学习英语时往往功利性比较强，过分看重自己在英语四、六级考试中的成绩和通过英语四、六级考试能够给自己的就业带来的便利，对于自己的英语交际能力和英语文化渗透深度存在着认识上的不足。同时，由于我国学生在性格方面较为内向，敢于开口说英语以及与外国友人进行英语交流的学生少之又少，导致学生学了满腹的英语单词却很难开口使用，这无疑是大学通用英语教育的悲哀。此外，由于这种功利性的英语学习态度，学生在英语学习过程中自觉性比较差，单纯地为了学习而学习，在通过了英语四、六级考试之后更是拒绝再进行英语的学习，更谈不到英语文化的学习，这就导致学生只是学会了这门语言，而没有学懂这门语言。

3. 学生的跨文化理解能力差

学生从小学起就将英语学习重点集中于词、句的记忆和理解。在学习英语时，按部就班，由音标到单词，到句子结构分析，循规蹈矩。当语言能力提高到相当的水平之后，文化障碍便更显突出。语言失误很容易得到对方的谅解，而语用失误、文化的误解往往会导致摩擦发生，甚至造成交际失败。一个外语说得很流利的人，往往使人误认为他同时也具有这种语言的文化背景和价值观念；他的语用失误，有时会令人怀疑是一种故意的言语行为，因此导致冲突发生的潜在危险性也最大。

在我国，人们对跨文化理解的重要性认识还比较低，相当一部分人认为这只不过是一个学习英语的问题。他们觉得，只要会英语，剩下的凭常识、按习惯就可以解决。然而，常识这个东西并不一定具有普遍性，它因文化背景的不同而有所区别。在中国文化背景下属于常识性的行为，换在某个外国的背景下就可能成为一种不合常识的行为。在某种文化下属于很礼貌的行为，在另一种文化下可能被视为无礼。一种文化下的人怀着敬意说出的话，另一种文化下的人可能理解成是一句带有侮辱性的话。用汉语的习惯去套用英语，有的时候套用得对，有的时候则会套用错。

有些人将跨文化交际等同于英语的听、说、读、写四种能力。这四种能力当然很重要，它是跨文化交际的重要基础，但是它远不是问题全部。语言是文化的产物，它具有深刻的文化内涵，与不同的对象、在什么样的情况下、如何表达一个思想与文化背景密切相关。"如何说""不说什么"，有时候比"说什么"更加重要，仅仅能够运用语法上正确的外语，并不足以与外国人打好交道。

（三）教育内容方面

1. 跨文化教育的教学大纲存在不足

一直以来，我国的英语教学大纲未将文化教育列入教学要求中，虽然1999年出台的大纲从培养21世纪创新人才的目的出发，增加了"提高文化素养"这一新的教学要求。但是相对目前《英语教学大纲》中语言三要素（词汇、语法、语意）教学的体系而言，英语的跨文化教育还是没有形成完整体系。2004年1月教育部颁发了《大学英语课程教学要求（试行）》（以下简称《要求》），作为各校组织非英语专业本科生英语教学的主要依据。《要求》确定英语教学的实质是以英语语言知识与应用技能、学习策略和跨文化交际为主要内容，以外语教学理论为指导，并集多种教学模式和教学手段于一体的教学体系。该《要求》确定的英语教学的性质和目标以及层次要求非常全面，符合当今世界经济发展和国际交流的需要，也适合中国的国情。然而，在对三个不同层次的教学要求进行具体阐述时，《要求》只列出了听力理解能力、口语表达能力、阅读理解能力、书面表达能力、翻译能力和推荐词汇量六个项目，全然忽视了性质和目标中所提到的跨文化交际和综合文化素养的内容。可见，文化教学和跨文化交际能力培养仍然被置于外语教学的边缘，并没有得到切实的、真正的认可和重视。

2. 跨文化教育的内容在英语教材中较为薄弱

到目前为止，以文化导入为目的的系列教材尚未正式出版，相关的参考资料就更少了,即便有些音像资料但又缺乏系统性,像词典、教学参考资料上能够查到的文化解释也极为有限。英语教材中内容的选择也缺少有关中国的传统文化的内容,这就不利于我们的学生在跨文化交流中传播自己国家的优秀文化,也不利于学生对文化优劣鉴别能力的提高,更不利于学生文化平等意识的建立。我国外语教材当前在跨文化教育方面存在以下不足:①知识广泛,但对跨文化教育突出不够,文化内容偏狭、过时;②中国本土文化内容缺失;③重知识,轻态度与能力。

3. 大学通用英语教学与中小学英语教学脱节

长期以来,中小学英语教学接受和实践了以结构主义理论为基础的教学方法,认为语言是一个封闭的系统,在教学法上强调的是语言内部结构的认知;而近十几年来交际法教学在我国开始流行,强调的则是语言的社会交际功能和使用功能。中小学英语教学的改革发展迅猛,大学通用英语教学如果仍然停留在原来的方式方法上,势必造成大学通用英语的教学与中小学英语教学脱节,大学通用英语教学滞后于中小学英语教学。因此,大学通用英语的教学改革务必跟上中小学英语教学的改革步伐。

第四章 跨文化英语教学概述

第一节 跨文化教学的内容

一、文化教学的内容

实际上，文化教学应该贯穿语言教学的每个阶段。语言教学既然最终以语用为目的，就必然涉及语言文化的教学。文化因素与语言形式的难易并不一定成正比，简单的语言形式也可能导致语用与文化方面的问题。教师在教学中要自始至终注意结合语用和文化因素，把语言形式置于社会语用功能的背景下进行教学，才能使语言知识富有生命力，使学生逐步提高跨文化交际能力。在教学中，我们应以系统性为原则让学生学到较为全面的文化知识，为培养学生的跨文化交际能力奠定扎实的基础。具体到课堂教学，文化教学可以概括为以下四点内容。

（一）教学中注重介绍词语的文化内涵

语言词汇是最明显的承载文化信息，反映人类社会文化生活的工具。词汇是语言的建筑材料，是理解文化的基础，也是学生在听力、阅读等方面的主要障碍。文化意义是指某一文化群体对一客体本身所做的主观评价，同一客体在不同文化的人中产生的联想意义不同。词语在文化上的差异是学好外语的一大障碍，因此，在词汇教学中要注意词语的文化意义在目标语和母语之间的对比。

（二）文化背景知识

背景知识是英语文化的重要组成部分。研究表明，在阅读过程中，理解文章的关键在于正确地使用已有背景知识去填补文中一些非连续事实空白，使文中其他信息连成统一体。英语国家的民族文化、社会行为模式、历史、地理等方面的知识是学生产生合理的推测和联想的基础，有助于其更好地理解文章的含义。

（三）教学中介绍英语的交际习惯和行为方式

文化制约着人们的一切行为，包括语言行为。不同文化背景有不同的语言习惯和行为方式，在教学中要注意培养学生对目标语与母语在交际习惯和行为方式差异方面的敏感性，提高学生跨文化交际能力。例如，在日常交往中英语国家的人喜欢谈论天气、地理位置等话题，而把年龄、工资、婚姻状况等作为禁忌的话题。中国人打招呼时喜欢用"你吃了吗?""去哪儿呀?"，而英语中"Have you had your lunch?"（你吃了吗?），则表示向对方发出邀请的意思。再如，中国人在接受礼物时，习惯推辞几次才接受，当着客人的面打开礼物被认为是不礼貌的，而英语国家的人则习惯当场把礼物拆开，并且要赞美几句。教学中要让学生了解差异并以本民族人的观点去理解目的语文化，使他们具备进行得体而有效的跨文化交际的能力。

（四）教学中比较价值观念和思维方式

在跨文化交流中，由于交际双方都有各自的价值观念和思维方式，因此经常出现矛盾和冲突，导致跨文化交际难以顺利进行。价值观是任何社会和文化中的人们生活的准则，思维方式和道德标准是文化的核心内容。东西方截然不同的价值观赋予了两种语言以不同的文化内涵。中国文化强调集体主义、权利距离、人际关系和谐、人与自然的和谐等；而英语文化则重视个人主义、人人平等、坦率直言等。东西方主要文化模式的差异反映为不同的价值观。在教学中，要使学生了解中英两种语言在价值观念和思维方式上的异同，使学生能在交际中做出正确的预测，完成有效的跨文化交际。

二、跨文化语言教学的内容

文化知识包括文化能力（属于能力目标范畴）和概念知识（属于认知目标范畴）两个部分。目标文化的概念性知识指的是关于目标文化和社会的系统的概念性知识，它应包括目标语社会的地理、历史、结构、宗教、经济、教育和艺术等。这种关于目标文化的概念性知识通常被称为目标文化的一般知识。

文化能力是指对社会规范的隐性把握，即构成社会文化结构的潜规则、价值观和取向。它还包括识别具有文化意义的事实的能力，以及对行为可接受或不可接受的标准的了解。文化能力并不一定意味着符合这些规范和规则。

文化能力与交际能力在许多方面是相同的。交际能力还包含对社会和文化的许多方面的知识：称呼的形式、语域和风格的选择，社会方言和地区方言之间的差异，以及这些差异所附加的社会价值。这些方面内容是文化的特点。例如，在语言教学中，交际能力包括社会文化信息的某些方面。但在一定程度上，文化能力不同于交际性模仿，文化能力主要指社会文化行为和事实，较少涉及其语言表达。而要想在跨文化交际中取得成功，就必须具备语言能力和文化能力。在交际中出现不和谐、误解甚至冲突的现象主要是由于缺乏文化能力。在全球跨文化交际越加频繁的背景下，外语教学的目标必须改变，应转变为培养跨文化交际能力。

（一）文化内涵词

词汇是语言建设的基石或基础。人人知道每个词都有其代表的意义，问题是它们可能代表了几种不同的含义。在跨文化交际中，来自两种不同文化的人可以说同一种语言，但由于思维方式、说话规则、社会价值观和词汇内涵等因素的不同，他们的交流有时会中断。然而，对文化内涵词的对比研究可以为其提供丰富的背景知识，这是非常必要的。

（二）语用能力

在交际语言使用中，语言使用者与交际语境的关系构成语用学领域。区分语用学的两个方面：一是考查"语用条件"，它决定了语言的其他使用者是否接受某一特定的话语作为一种行为，或者预期功能的表现；二是确定哪些话语在哪些情境下成功条件的特征。因此，语用学是指说话人或作者通过这些话语来表现的行为或功能之间的关系。

语用能力通常被认为包括两种能力。一方面，它意味着为了达到一定的交际目的，知道如何使用语言，这也被称为言外能力。另一方面，语用能力指的是使用方法论来确保学习者在使用语言的过程中得到真实的语言表达和交际意图。

（三）交际策略

交际策略指的是说话者在表达自己的意思时遇到困难而采用的系统的交际技巧。从上面的定义中我们可以了解交际策略似乎不是说话者语言知识的一部分，而他们使用所掌握的其他知识来尽力使语言交流不发生中断。

在外语教学中，可以培养学生的交际策略能力。在语言课程的早期，教师可以通过向学生提出适当的问题来帮助他们，例如，"这是什么意思？""你如何称呼一位教师在课堂互动中扮演听者的角色？"并回应学生的求助。

三、跨文化语言教学的方法

（一）跨文化语言教学中教师的角色定位

教师和学生在各种学习任务中所起的作用决定他们各自的角色定位。称职的英语教师一定要具备较强的语言能力、良好的师德修养和心理素质与人格魅力。课堂教学中教师需要不断转换自己的角色。传统课堂教学的教师喜爱承担有权威的角色，如评定者、组织者、操控者和知识的源泉。因此，学生认为教师所说的都是正确的。现在的课堂教学，好的教师应该能够敏锐地把握、带领学生，利用教师的权威性和学生的自主性之间的平衡鼓励学生自主学习；课后教师还有很多工作需要做，通过课堂教学的反馈考虑接下来怎样做，例如，构思和设计提问的问题、言语交际中可能会出现的障碍和问题等。

（二）跨文化语言教学材料的选择

在培养学生跨文化交际能力过程中，教学材料的作用和教师的角色定位是相关的。教学材料是教师实现教学大纲和课堂教学目标的主要手段和工具。目前出版的很多英语教材虽然也介绍跨文化知识，但还不够全面，也缺乏系统性。教师在撰写教学设计和教案时，应该有跨文化意识，适当补充跨文化交际知识和素材，不仅要补充跨文化知识方面的阅读材料，注重增加视听方面的跨文化素材，而且要注重跨文化知识的全面性、系统性和时代性，尽量选择真实的（原创的）、有趣味性的和新颖的跨文化知识素材。在课堂教学中，充分利用现代教学设施和手段，培养学生的跨文化交际能力。

（三）学生跨文化意识的培养

跨文化意识是指对文化因素在语言使用和交际中的影响和作用的敏感性，对于文化是如何影响人们的思维模式和行为方式的理解。只有具备一定的跨文化意识，才能熟练使用目标语进行交际活动。跨文化意识包括清楚认识文化的多样性和文化认同两个方面的能力。如果一个人缺乏与目标语相关的社会文化知识，几乎不可能在跨文化交流中准确地和适当地使用这种语言。跨文化教学应该重视和加强对中西文化的比较，突出中西文化差异的对比。

促进跨文化交际能力的培养的七个目标：帮助学生理解每个人都处于特定的文化环境之中；帮助学生理解社会因素差异，例如，年龄，性别，社会阶层，居住地，人们说话和行为的方式；帮助学生更多地意识到目标语言语境中的人们习惯的行为；帮助学生提高对目标语中的词和短语文化内涵的认识；帮助学生培养概括和评价目标语文化的能力；帮助学生培养查找和整理关于目标语文化知识的必要技能；激发学生对目标语文化的求知欲，鼓励学生对目标语文化的认同。

将英语文化意识融入教学中有两个我们需要考虑的问题：第一个要解决的问题是如何提供所需的跨文化知识。关于这个问题的重点是英语老师可能会尝试教文化，但是不具备足够的跨文化语言知识和能力。即使他们知道如何通过各种技巧教授跨文化知识，但不知道应该教哪些跨文化知识（跨文化教学内容）。一方面，教师需要解决他们英语文化知识的匮乏的问题；另一方面，在教材的编写与选择上，有时被选中的跨文化内容可能会集中在不寻常的、奇异的和具有异国情调的文化特征上。为了避免混淆和误解，建议老师不要孤立地对待文化现象，教授跨文化教学内容应与学生自身背景经历相联系。即使老师知道该教什么，怎么教，还是存在着是否有足够的课堂时间融入过多的文化知识教学的问题。课堂时间是有限的，那么应该花多少时间去教授文化呢？讲授太多的文化知识不仅浪费时间，而且对学生没有帮助。第二个问题是，尽管大多数的外语教师不否认文化的重要性，但很少有教师主动地去测试是否实现他们的文化教学目标。由于课堂时间有限，教师的跨文化教学目标无法得到完全的实现。因此,有必要丰富学生的课堂内外的跨文化知识和能力的培养。

第二节 文化和跨文化教学模式研究

一、文化教学模式

要有效地开展跨文化教学,首先必须找到行之有效的教学方案或方法。事实证明,教师不可能在讲每一个语言项目时都把与之相关的所有语用功能全部介绍给学生,这是违反认知规律的。目前,我国外语教学的弊病之一就是教师不厌其烦,力求一次讲全、讲透,在介绍一个新语言项目时,往往以点带面,全面开花,字典搬家。在这个过程中,应试教育和结构主义理论的影响更起了负面推动作用。

(一)文化教学模式的类型

1. 交际法教学

交际法教学注重语言功能训练。具体语言形式的功能会随语境的变化而变化,使用中涉及很多相关的社会因素,只有逐步介绍、训练,循环往复,学生才能体会到不同语境中语义的差异并逐步掌握,进而形成语言能力。

将文化引入到教学当中是一次由"传统"向"科学"改革的重要尝试。早期的语法翻译法在外语教学中的有效度越来越受到语言教学者和教学研究者的质疑。语言学和心理学的发展别开生面地为语言教学提供了科学的理论根据。人们开始意识到语言本身和语言的使用情境是不可分割的，形式和意义应当在语言的使用过程中同时学习。

人类学和社会学的发展也为文化教学开辟了新的方向。第二次世界大战期间，受人类学和社会学领域内的进展影响，"地域学"在美国许多大学涌现出来。1940年前后，西方国家的人类学家采用实地调查人种史的方法，对许多土著文化进行研究，得到许多惊人的发现。与此同时，社会学和社会心理学的发展速度也相当可观，其研究成果与人类学发现被一起应用到外语教学中的文化教学方面。

交际教学是在欧洲首先流行起来的。美国的"语言革命"对欧洲的语言教学产生了极大震动，如何发掘语言的功能和交际潜力成为语言学家们关注的焦点。欧洲共同体的形成也为交际教学在欧洲的发展推波助澜，20世纪60年代中叶到20世纪70年代初期，随着各国相互依赖的关系日益强化，欧洲共同体的经济发展使就业机会大大增加，一些国家出现技术人员或劳工缺乏问题，便吸引共同体内他国的移民来解决。怎样帮助移民在新的文化环境中立足，在最短的时间内有效地掌握所在国的语言文化成为迫切需要解决的问题。于是在欧洲委员会的鼓励下，语言学家们开始研究一种语言学习系统，交际教学法在欧洲开始盛行。

交际教学法虽然起源于欧洲，但很快就被北美和大洋洲接受，到了20世纪70年代已扩展到世界各地。与兼并式教学法相比，交际法中的"文化部分"不再是明显的文化知识的介绍和讲解，与目的语相关的文化教学是通过让学习者模拟外国人在交际中使用目的语来实施的，交际中的文化主要表现为语言行为。"文化作为行为"的观念自始至终体现在教学过程中。交际法强调了语言的社会功能，自然地将文化教学和语言教学联结到了一起。语言和文化通过交际行为的自然融合，解决了人们对兼并式教学法中文化不一定需要用目的语讲解的疑问。

2. 多元文化互动综合模式教学

冷战的结束和全球化的来临使世界进入了一个前所未有的发展阶段。建立一种和谐的国际关系是经济和政治发展的共同需要。全球化使世界各国的文化在一个大环境下产生了鲜明的对比，一些经济强国依赖高科技和先进的媒体使自己的文化为更多的人所认识。但是，全球化并没有使人们放弃自己的民族文化身份，面对他国文化的入侵、同化与兼并，国际上要求对所有文化一视同仁的呼声越来越高。随着时代的进步，大多数国家推行了多元文化的政策，至少从理念和法律上承认各民族文化是平等的。

在理论上，后结构主义的兴起为文化的多元性做出了解释。与结构主义相反，后结构主义哲学反对固定的模式，提倡摒弃框架的禁锢，认为世界是多元的，怀疑绝对真理的存在，从而促进人们思想上的解放。这种对传统和习俗的批判破除了它们对教和学的束缚，使多元共存成为西方教育改革的一个潮流。

多元文化互动综合模式将培养学生解决问题的能力放在首位。这种以能力为本的教学将"知识"和"行为"有机地联系起来，反映出它们之间相辅相成的动态关系和发展机制。虽然该模式基于后结构主义理论，不强求统一的教学方法，但并不代表这一模式的文化教学可以毫无规矩。不同的国家有不同的国情和发展计划，有针对性地选择目的文化，将之与本国文化进行精辟的对比和研究，在教师的引导下，增加师生之间的互动，使学生在学习知识的同时增强交际能力，才是这一模式的本质。

（二）文化教学的发展方向

文化教学的有效实施离不开行之有效的文化教学策略的支持。目前，我国在文化教学方面的研究成果不多，陈申的《语言文化教学策略研究》一书系统地介绍了外语教学中文化教学策略。他在书中列举了以下常见的文化教学策略。

1. 文化讲座

文化讲座，指以班级为单位，以教师为中心，以演讲的方式直接向学生传授有关目的语和目的语使用社团的文化知识策略。文化讲座适用于以下几种情况：

（1）教师向学生介绍文化新领域的可叙述或描述的知识，学生可以通过讲座掌握总体概况或基本概念的知识。

（2）教师讲解一系列可通过主题来分类归纳的相关文化事实，可以以系列文化讲座的形式来完成。

（3）在教师即将给学生布置有关文化学习的研究任务，或者需要解决某个问题之前，学生需要掌握的基础知识，可通过讲座来进行传授。

（4）某些具体的文化资料，学生自学和阅读十分困难时，文化讲座可以解决学生因理解困难造成的误解。

（5）当教师具备或拥有特殊的教材，这些本身已为文化讲座的内容和教学铺平道路，教师在教学中实现教学相长，学生也从该教师的特殊教材中获益。

文化讲座使教师对课题顺序、时间把握等方面有极大的控制权，所以能确定在教学完成时学生可获得的成果。文化讲座对班级人数的多少没有严格限制，以专题顺序组织的文化讲座有利于充分利用教师资源。从教师的角度来看，教师的文化讲座一般都会汇集最新的研究成果和最新的研究方法，以及其本人的学习心得与体会，所以能提供给学生许多宝贵的信息资源。从学生的角度来看，学生在听文化讲座时，其听、写和观察能力会得到训练与提高。

2. 文化参观

文化参观是以教师为辅导，以学生为主体，在课堂时间或课外时间以某个文化专题为学习任务，以参加统一观摩活动的方式来实现预期的学习效果。文化参观适用于以下两种情况：

（1）某个文化教学单元结束以后，学生共同具备了有关专题的文化知识，就可以参观适合该专题的文化展览。

（2）当教师想要测试学生独立工作、综合分析文化知识的能力时，可安排学生参观文化展览并完成某项学习任务。

文化参观能够调动学生主观能动性，使他们能主动地观察、接触、研究、总结文化知识。文化参观一般都在比较宽松和非正式的环境中进行，娱乐性和趣味性较强。

文化参观比较适合作为一种辅助性的教学策略，而不能作为常规的教学策略使用。由于学习任务不明确，学生自主选择时间进行的文化参观会变成走过场，学习效果不明显。

3. 文化讨论

文化讨论是以班级为单位，教师为组织者，调动学生就某个专题开展有程序的、面对面的讨论，以解决实际问题或解答特定课题。

文化讨论需要一定的条件才能得以顺利开展。参加讨论的人必须积极开口，乐意与人交谈而且乐于倾听别人的发言；参加讨论的人群，作为一个集体，应当提出至少两种不同意见，这样才能激发思考，各抒己见；所有参加的人都希望通过集体智慧加深自己对主题的理解。

组织文化讨论的目的是使学生通过交流加深对某种主题的了解，而不是劝说别人或与人争辩。在讨论中，教师是讨论的组织者和主持人，不应占用太多发言时间，学生应是主体，教师只在提示和纠正偏题现象时发言。文化讨论适用于以下情况：

（1）当教师希望学生建立自己获取新知识的信心，并对他们自己的学习建立责任感的时候。

（2）当教师希望学生能充分发表自己的意见，对有关文化事实的不同假设和推断提出疑问并加以讨论的时候。

（3）当教师有目的地训练学生交际能力，通过文化讨论提供给学生表达复杂概念的机会时。

（4）当教师希望学生了解对同样的文化事实可以用不同的方法分析，或从不同的角度和立场看待会有不同的结论时。

（5）当有必要建立学生的集体信念和合作精神时。

文化讨论有利于对学生交际能力的培养。讨论的形式为学生提供了锻炼语言表达能力、倾听别人意见、尊重别人经验和学习成果的机会。

文化讨论中教师提供的论题一般都是有争议的、没有定论的,所以学生必须从不同的角度考虑问题。这样,才能产生不同的意见、不同的方法和不同的结论。文化讨论有利于建立起平等的师生关系,学生间的互动性也较强。文化讨论要求学生和教师都必须做好充分准备,否则课堂上就会出现冷场现象。

4. 文化欣赏

文化欣赏是以班级为单位的教学活动,教师以主持人的身份组织学生根据预定的计划就某一文化专题或某一文化事件,代表个人或小组向全班做汇报讲演。

文化欣赏可以采取不同的形式:可以是纳入教学大纲、按序列专题进行的演讲,例如将学生分成若干组,指定主题让其准备,然后在课堂开始或结束时由小组代表发言 10 分钟;也可以是随意的或即兴的文化欣赏,例如学生凭自己的兴趣选择题目,进行课堂演讲;或者是总结性的文化欣赏,即在文化专题学习之后,组织汇报演讲,以陈述为主。

文化欣赏增进了学生学习的主动性和灵活性,学生可以自主选择专题,在课堂上安排的时间也较灵活。学生轮流表演可以公平分配表现机会和在课堂上所占用的时间。学生的表演对学生间彼此交流和互相学习很有益处,同时,教师也会从学生的表演中获得新的经验。

文化欣赏对教师和学生提出了很高的要求。一方面,教师不能事先预知学生表演的内容,这就要求他们具备灵活应对课堂上会出现的问题的能力。另一方面,文化欣赏需要学生的积极配合,学生必须具有很高的积极性和很强的自主学习能力才能够顺利完成学习任务。

二、跨文化教学模式

（一）建构主义教学模式

建构主义教学模式是在建构主义学习理论指导下建立起来的，是建构主义理论应用于课堂教学的教学模式。它提倡的学习方法是教师指导下的、以学生为中心的学习，其学习环境包括情境、协作、会话和意义建构四大要素，因此，建构主义教学模式主张在教师指导下，以学生为中心的学习。学生是信息加工的主体，是知识意义的构建者，而不是外部刺激的被动接受者和被灌输的对象。教师则是意义构建的帮助者和促进者。概而述之，建构主义教学模式是指在教学过程中在教师指导下，以学生为中心，以探究为主要学习方式，利用情境、协作、会话等学习环境要素，充分发挥学生的主动性、积极性和首创精神，使学生有效地实现当前所学知识意义构建的教学程序及其方法策略体系。

建构主义思想自皮亚杰以来，在其对学生的学习进行考虑和反思的发展过程中形成了多种流派。虽然各流派在对知识、学习、教师和学生等问题的看法有许多共同处，因而其对教学目标的要求基本一致，但由于各观点侧重点不同，教学中所采取的教学方式和步骤也不一样。目前，研究比较成熟的有抛锚式建构主义教学模式、支架式建构主义教学模式、随机进入式建构主义教学模式等。

（二）研究性教学理念

研究性教学是在建构主义学习理论下形成的与之相适应的一种教学

模式和方法。建构主义理论包括认知建构主义和社会建构主义。认知建构主义的开创者皮亚杰和社会建构主义奠基人维果茨基都重视学习的认知过程,把学习看成是学习者主动建构知识的过程,而不是通过他人给予而被动接受和使用的过程。"认知结构产生的源泉是主、客体相互作用的活动,在相互作用的活动中蕴含着双向结构"。

以建构主义为理论支撑的研究性教学是指"学生在教师指导下,以类似科学研究的方式去主动获取知识、综合运用知识解决问题的一种学习方式。研究性学习与一般意义的科学研究具有一定的相似性,如在研究过程中两者都要遵循提出问题、收集资料、形成解释、总结成果这样一个基本的研究程序。在这里,知识都以问题的形式呈现,知识的结论要经过学习者主动的思考、求索和探究"。可见,研究性教学理念的本质是学生主动参与的探索性学习,思维是学习的动力,学生是学习的主人,因此"外语是学会的","学"在这里是研习的意思。

在英语教学中倡导研究性教学理念,应该说是为内容教学提供了一条新路。众所周知,外语是一门工具性质的学科,而英语的工具性就更显突出。由于没有实质的教学内容,英语的听、说、读、写技能训练因而就变得枯燥又机械。只有研究性教学,才使英语教学第一次有了真正的教学内容,并且在完成项目的研究过程中,学生的外语能力得到了锻炼,学生的思辨能力、创新能力得以发展,学生的学习能动性从根本上得到了改观。

但是研究性教学又不是完全淡化外语技能的培养。事实上,将所学的语言知识应用于信息获取、问题分析、精确讲说、书面写作等过程更能培养学生把外语作为一门工具的语言能力。另外，研究性教学在英语中的应用又有别于英语专业的研究性教学。英语专业的研究性教学是对英语语言学、文学和英语文化等的专业知识的学习和研究，而英语的研究性教学是让学生在一定范围内自主选题，题目可以是人文社会的，也可以是自然科学的，这样既锻炼了语言能力，又培养了思维能力，扩展了学生的知识面，一举多得。

近年来，美国和日本等国家都设置了类似的"研究型"课程，其共同点是重视知识的掌握，但更注重学习的方法，强调主动学习和科学精神与人文情怀并重。

（三）人本主义学习理论

人本主义学习理论对学习本质的揭示是从人的自我实现和个人意义的角度加以描述，认为学习是个人自主发起的，使个人整体投入其中并产生全面变化的活动，是个人的充分发展，是人格的发展，自我的发展。根据人本主义学习理论，美国心理学家马斯洛、罗杰斯等创立的人本主义理论提出了 10 条学习原则：

1. 人生来就对世界充满好奇心，人类生来就有学习的潜能。

2. 当学生觉察到学习内容与自己的目的有关时，有意义的学习就发生了。

3. 当学生的信念、价值观和基本态度遭到怀疑时，他往往会有抵触情绪。

4. 当学生处于相互理解和支持的环境里，在没有等级评分却鼓励自我评价的情况下，就可以消除由于嘲笑和失败带来的不安。

5. 当学生处于没有挫败感却具有安全感的环境里，就能以相对自由和轻松的方式去感知书本上的文字和符号，区分和体会相似语词的微妙差异，换言之，学习就会取得进步。

6. 大多数有意义的学习是边干边学、在干中学会的。

7. 当学生负责任地参与学习时，就会促进学习。

8. 学习者自我发起并全身心投入地学习，最深入，也最能持久。

9. 当以自我批评和自我评价为主、他人评价为辅时，就会促进学习的独立性、创造性和自主性。

10. 现代社会最有用的学习是洞察学习过程、对实践始终持开放态度，并内化于自己的知识积累。

简而言之，人本主义理论主张废除以教师为中心的模式，代之以学生为中心的模式，而以学生为中心的关键，在于使学习者感到学习具有个人意义。

人本主义学习理论强调学习是一个情感与认知相结合的精神活动。在学习过程中，情感和认知是彼此融合、不可分割的两个部分。整个学习过程是教师和学生两个完整的精神世界的互相沟通、理解的过程，而不是以教师向学生提供知识材料的刺激，并控制这种刺激呈现的次序，期望学生掌握所呈现的知识并形成一定的自学能力和迁移效果的过程。由此可以理解，教学也不再是以教师为中心，以知识输入讲解为主要方式的活动了。要使整个学习活动富有生机、卓有成效，需要以学生为中心，深入其内在情感世界，以师生间的全方位的互动来达到教学目标。这不同于多年来我国英语教学课堂以教师为主体，以教师讲解传授为主要形式的教学方法。

(四) 后现代主义教学观

后现代主义教学观是在对教育的现代性进行深刻反思的基础上形成的，具有开放性、超前性和创新性等特点。

后现代主义在我国最早出现在20世纪80年代初的《读书》杂志上，1985年美国杜克大学的弗·杰姆逊教授在北大开设了名为"后现代主义与文化理论"专题课，在此之后，后现代主义在中国得到了快速发展。总体而言，它是对现代主义所崇尚的总体一致性、规律性、线性和共性及追求中心性的排斥，主张以综合、多元的方式去建构，具有非中心性、矛盾性、开放性、宽容性、无限性等特征。

后现代主义教学观对英语教学改革的启示表现如下：

1. 在打破"完人"教学目的观的同时，后现代主义者提出了自己的教学目的观。他们主张学校的教学目的要注重学生各方面的发展，不强求每个受教育者都得到全面发展，要培养符合学生自己特点及生活特殊性的人，造就具有批判性的公民。

2. 后现代主义认为现代主义的课程观是科学的、封闭的，多尔从建构主义和经验主义出发，吸收了自然科学中的理论，把后现代主义课程标准概括为丰富性、循环性、关联性及严密性的原则。

3. 后现代主义认为教学过程是一个自组织过程。自组织是一个通过系统内外部诸要素相互作用，在看似混沌无序的状态下自发形成有序的结构的动态过程。

4. 后现代主义的师生观认为，在传统的教学中，教师处于知识传授的中心地位,而学生处于被动和弱势的地位。教师是话语权的持有者,学生的自主性和潜能受到了压制。故后现代主义认为,必须在课堂教学中建立师生平等对话的平台。在科学技术日新月异的影响下,知识的传播渠道和方式已经发生了很大的变化,教师的主要任务是教会学生使用终端技术和新的语言规则。师生关系中,教师从外在于学生的情境转向与情境共存,教师的权威也转入情境之中,他是内在情境的领导者,而非外在的专制者。

5. 后现代主义的教学评价要求实施普遍的关怀,着眼于学生无限丰富性发展的生态式激励评价,让学生充满自信,每个个体都各得其所,始终获得可持续发展的动力。它强调教学评价应该体现差异的平等观,即使用不同标准、要求,评价不同的对象,主张接受一切差异,承认和保护学习者的丰富性、多样性。

(五) 学术英语教学理念

学术英语也是近年来在英语教学改革中提到的一个新的课程设计理念,它是针对在英语教学中盛行了几十年的基础英语提出的。基础英语的教学重点是语言的技能训练,包括听、说、读、写、译等,而学术英语分为两大类:一般学术英语和专门用途英语。前者主要培养学生书面和口头的学术交流能力,后者主要涉及工程英语、金融英语、软件英语、法律英语等课程。

以学术英语为新定位的英语教学,既区别于以往的以语言技能训练为主的基础英语,也区别于大学高年级全英语的专业知识学习或者"双语教学",当然也区别于英语专业学生所学的人文学科方面的专业英语。

它是基础英语的提高阶段,即在学生掌握了一定的规则和词汇,达到了一定的水平后,为他们用英语进行专业学习做好语言、内容和学习技能上的准备,是在大学基础教育阶段为今后全英语专业知识学习打下基础的一种教学模式。

三、跨文化视角下英语教学模式的改革建议

(一)改变高校英语教学的理念

教师是高校英语教学工作中最重要的引导者,在高校英语教学工作中发挥着关键作用,英语教师的教学理念决定了跨文化是否能够融入英语教学中。因此,英语教师首先要更新英语教学理念,逐步在英语教学的过程中融入跨文化内容。教师要明确跨文化知识在教学工作中融入的重要性,并要加大对跨文化知识教学的宣传。英语教师要根据学生的实际情况以及教学的要求,制定教学目标,把学生的语言实际运用能力以及交际能力当成最终的培养目标,教师自觉在教学中逐渐加大对学生听、说、读、写、译能力的全面培养。

另外,教师可以通过多元化的方式强化跨文化知识的基础,不断开阔自身的视野,加大对跨文化的积极理解,从而不断提升自身的跨文化的教学水平,推动跨文化在英语教学工作中的深入开展。英语教师还要不断改善英语教学的方式,在英语教学过程中不仅把词汇与语法传授给学生,还要为学生讲解与分析此种语言的文化背景以及习惯,使学生在遇到相关方面的问题时能够找到新的思路与方法,从而促使学生对英语学习产生兴趣,提升英语实际应用能力。

(二) 开展英语跨文化教学

在跨文化视角下,英语教学改革工作是一项长期而又艰巨的任务,并不能在短时间内看到效果,这就需要教师在长期坚持不懈地努力下,对英语教学进行改革,逐步融入跨文化内容,实现跨文化教学,从而让学生认识到跨文化教学的深意,端正学生的学习态度,使学生学习的积极性、主动性得以提升,最终使英语教学的水平得到提升。英语教师要采取措施把跨文化内容逐步渗入英语教学的各个环节当中,从而使英语教学内容得到丰富,进而培养学生的跨文化思维。在英语课堂的教学中,教师可以加大与学生的沟通交流,使学生能够更好地掌握跨文化知识内容以及语言文化背景,使学生的文化综合能力水平得到提升。

(三) 改革英语教学内容,逐步融入跨文化内容

英语教学内容的改革需要以英语教材为依据,而且英语教材对教师的跨文化教学的内容与认知有很直接的关系。教材既反映了教学内容,也直接影响了教学课程内容的设置,是英语教学理念以及意识传播的主要教学载体。要使教学内容得到根本改善需要在英语教材中融入跨文化内容。因此,高校要根据当前英语教学情况选择科学合理的教材,可以在教材中适当地加入跨文化方面的内容,促使英语跨文化教学意识逐渐得到强化,使学生在跨文化的学习中不断提升实际语言运用能力。同时英语教师还要在英语教学过程中,不断收集与查阅相关的语言文化背景知识,不断扩大跨文化的视野,从而为英语跨文化教学的深入打下坚实基础,逐步提升英语教学的水平。

（四）改革高校英语教学的方法

为了能够尽快实现高校英语教学目标，高校需要改革教学方法，以提升高校英语教学的质量与教学水平，并促使学生的能力得到全面提升。在高校英语教学方法改革的过程中，主要采取以下几种方式促使跨文化教学的深入开展：

首先，在高校英语教学中保留部分传统的英语教学方法。虽然传统的英语教学方法在一定程度上制约了人才发展的需求，但是传统教学在知识传播方面存在着一定的优势，因此可以保留传统教学的优势部分，从而使跨文化知识更好地传播。其次，要引进国外先进的教学方法。比如，翻译法、听说法、交际法以及直接法等并结合我国传统的教学方法，从而创造出更加适合我国教学的新方法，不断提升英语教学的效果，使学生的语言应用能力以及交际能力得到提升。最后，采用多元化的教学方法，比如说任务驱动法。任务驱动法是比较先进的教学方法，教师可以通过设定相关的教学任务来引导学生，从而使教学活动能够顺利开展。任务驱动法是一种实践性的教学方法，主要强调要在实践活动中完成教学的任务。教师可以根据教学目标以及教学计划等，制定出适合的教学任务，而学生通过自主学习以及与小组成员之间的沟通交流来逐步完成教师提出的教学任务。学生在这个过程中能够有效地构建跨文化知识体系，使语言运用能力得到提升。

（五）充分利用先进的多媒体技术

随着现代信息科技的快速发展，高校教育逐步向着信息化的方向发展，多媒体技术也随之在高校教育事业中得到发展与应用。多媒体技术不仅具有信息处理能力，更具有影像图形的展示能力，能够帮助英语教学更快实现预定目标。在英语教学过程中，英语教师可以充分地利用先进的多媒体信息技术，比如，可以为学生设置真实的英语环境，可以利用多媒体为学生播放一些原版的电影片段以及原版英语歌曲等，不仅能够提高学生学习英语的积极性，而且能够把跨文化内容很好地融入英语教学中，以提升英语教学的效果。

第三节 跨文化英语教学的现状

在世界经济发展的浪潮中，中国经济迅速发展，国家综合实力日益增强，中国与世界各国的联系愈加密切。在世界经济一体化和文化日趋多元化的大背景下，已经成为世界通用语言的英语，其在提升国家国际竞争力，在国际政治、经济商贸、信息交流等各个领域的重要作用越发凸显出来。掌握这门语言，能大大提高我们国家的国际竞争力，因此加强英语教学改革，提高人才培养质量是培养具有国际竞争力的高质量人才的关键。可见，在国家高层和教育行政主管部门，外语教育已被提升到民族振兴、提升国家的国际竞争力的高度来认识。然而，由于种种原因，在我国外语规划和外语教育实施过程中，在外语教学改革过程中还存在许多突出的问题。

一、跨文化教学面临的挑战

（一）人才培养观念需要转变

随着全球一体化经济的不断发展，国与国之间的交流与合作日益频繁，这就使得我国需要大量拥有良好知识结构、出色的外语语言能力、熟知外国文化传统和交往礼仪，能够处理国际事务，进行国际交往的国际化人才，具体来说应具备以下几方面：

1. 要正确理解和对待不同文化间差异的存在

要通过发现其他文化中存在的不足来改进我们自身文化方面的缺陷，以便我们更加客观公正地对待不同文化，同时，也有利于我们在文化差异中查找存在的类似的地方。

2. 要具备良好的文化适应能力

人们在跨文化交际过程中会不可避免地发生文化冲突，冲突的程度会对人们的进一步交流产生或轻或重的影响。人们只有提高自身的文化适应能力，才能保证跨文化交际的顺利进行。

3. 跨文化交际能力是实现文化的双向交流与互动的基础

丰富的词汇和地道流利的语言表达并不能保证跨文化交际的顺利进行，对外国人的历史、地理、习俗、生活方式和价值观念等的了解在跨文化交际中起着至关重要的作用。随着我国在政治、经济、文化等多个方面改革程度的加深，中国人跨文化交往日益频繁，人们普遍意识到只有熟练地掌握、运用外语，提高跨文化交际能力才能有效地进行国际间的交流与合作。因此，在跨文化背景下，英语教学至关重要。英语教学必须转变教学观念，把教学重点由原来的只注重语言教学转变为在原有语言教学的基础上，加强文化教学，加强培养学生的跨文化交际能力，努力造就国际化人才。

（二）外语教学理论需要更新

跨文化交际不仅仅涉及语言问题，不同文化间的差异的存在，更是难以逾越的障碍。在交际过程中，人们往往既要遵守语言规则又要遵守一定的文化规则。因而，在跨文化交际中，语言表达方面的文化规则和文化背景方面的知识尤为重要。我国的外语教学，恰恰在文化层面非常薄弱，因此外语教学所面临的挑战十分严峻。

文化冲突经常发生在跨文化语境中。曾有学者指出相对于语言错误来说，文化错误更加严重。因为语言错误只是没有把心里想说的话表达清楚，而文化错误则极有可能使来自不同民族的人之间产生误会甚至敌意。要想成功有效地消除交际障碍和交际摩擦，顺利进行跨文化交际，就必须具备一定的跨文化交际能力。因此，外语教学必须重新定位教学目标，加强对跨文化理解的重要性的认识，要把培养学生的跨文化交际能力放在突出的位置才行。

可见，传统的语言教学理论已经完全不能适应新形势下跨文化交际对外语教学的新要求。外语教育界只有以更加敏锐的眼光审时度势、通盘考虑新的世界局势对人才的需求，对外语教学理念、内容和方法等进行全面改革，才能使外语教学自如应对新的挑战。

二、英语跨文化教学的现状

在理论上，我国外语教育界已经普遍认识到外语教学中文化教学的重要性，而实际教学运行上，教学的现状仍不容乐观。根据调查学生毕业后的英语运用方面的工作表现，能够胜任外事交流需要的学生极少。绝大多数人要么是会看不会说的"哑巴英语"，要么就是交际中随处碰壁的"流利傻瓜"。原因在于他们对异国语言文化缺乏了解，不懂得目的语言的使用规则，交际中常常发生误会，造成严重后果。这是因为在外国人看来说一口流利英语的人自然应该懂得语用规则，不然，怎么能把英语说得这么好？学生从小学、初中、高中、大学一路学着英语走过了十几年，到头来却不能用英语有效地进行跨文化交际，这些事实足以表明我国的英语跨文化教学现状不容乐观。

英语是高等院校的必修课，各个院校都在英语教学上投入了大量时间、人力、物力。然而，即使是英语四、六级考试成绩优异的学生也不见得能流利、得体地使用英语进行交际，这实在是一件令人尴尬的事情。其原因在于，大部分课堂上英语教师仍在沿用传统的教学方法，教师讲，学生听，缺少学生参与互动。学生对于英语国家的文化知识知之甚少，教师和学生都在纯粹为语言而语言，语言学习与文化学习被剥离开来。师生互动不足，素质教育大多停留在理论上。在英语已经成为世界通用语言，国际竞争日趋激烈的21世纪，文化成为交流必不可少的、重要的因素。但是，英语教学实际上较少涉及文化教学。教师对该要求的了解程度表明他们对跨文化教学缺乏应有的了解与认识。

我国英语教学的现状是：①教师只是注重课本知识，忽视了对学生进行文化学习的引导；②英语教学模式与教学方法过于陈旧，教学内容不能与时俱进；③英语教师的专业知识和文化素养有待于提高。总之，英语教学不应该只是简单的语言学习，跨文化学习也不仅仅是在英语语言的学习中融入文化的影响，而是要在深厚的中华文化的基础之上，采用对比分析等方法宽容、敏感地深入理解目的语文化。

第四节 跨文化教学培养的途径

全球化进程持续加快，经济一体化趋势愈发明显，英语作为一个国际对话的最重要语言，其教学重视度也不断提高。英语文学教育作为其主要组成部分，存在着仅注重基础知识灌输而忽视文化培养的缺点，通过学习和了解他国文化，并与本国文化进行比较，以文化促学习，对于提高学生英语水平和文学作品理解力有着积极意义。

一、英语文学教学中的跨文化意识培养的意义

（一）拓展知识面

教师在进行英语文学教学时对作品所涉及文学知识以及相关文化背景进行讲解，对于拓宽学生视野、构建完整系统的价值观念和文学体系有重要作用。学生通过文字表述深入理解作品背后的文化内涵，可以促使学生提高学习兴趣、形成连续性的文化认知。

(二) 提升语言理解力

仅注重单词、句式、语法而忽视文学作品背后文化的讲解是国内英语教学普遍存在的问题，大量的词汇和语法知识对于提升理论技能和语言应用能力有一定作用，但是文化教育的缺失对于学生深入学习英语、树立正确文化观念有不利影响。跨文化意识的培养可以纠正学生在学习中存在的错误文化观念，提高对于英语的语言理解力。

(三) 提高综合能力

跨文化意识培养的作用并不仅限于英语水平的提高，还在于学生综合能力的提升。跨文化意识培养是在经济全球化趋势不可逆转、国际交流愈发频繁的环境下提出的能力培养方案，这并不是对文化意识或文化符号的简单复制，而是体现在学生英语文学学习中的对于英语国家文化的认知和对于中外文化差异的把握。跨文化意识培养对于消除英语交流过程中的文化陌生感有促进作用，此外，也有利于学生理解本国文化以及英语语言文化，全面提升学生综合能力。

二、英语文学教学中的跨文化意识培养方法

(一) 提升教师能力水平

加强英语文学教学中的跨文化意识培养，首先要做到的就是教师能力水平的提高，教师的教学质量对于学生学习有直接影响。教师是学生学习过程中的引路人，在学生学习过程中起主导作用，因此必须重视教师综合能力的提升，发挥教师对于学生学习的积极影响。综合能力既包

括专业水平,也包括职业素质。教师的综合能力提升才能保证学生在遇到文学知识难题时教师可以耐心答疑,帮助学生全面理解文学作品,促进跨文化意识的养成。

(二) 提升学生阅读量

优秀的英语文学作品繁多,英文世界名著也在世界文学宝库中占据重要地位,这些对于学生来说都是提升跨文化意识的极好资源,因为这些文学作品来自各个时代,具有属于各个时代的深深的文化烙印,其深刻内涵和文化背景对于学生跨文化意识的培养有很大促进作用。作为提升此项素养的重要途径,阅读更多英语文学作品、拓宽知识面就显得极为重要。学生阅读的涵盖面要广,不仅是著名英语文学作品,报纸杂志、时事新闻等也要有所涉猎,这样才能紧跟时代发展脉络,深入了解同一文学作品在不同时代背景下的不同含义。

(三) 注重分析文化差异

中西文化差异很大,在学习跨文化知识时较容易出现文化隔阂,不利于知识的学习,因此教学过程中教师要重视对文化差异的分析,增强学生对于外国文化的理解,达到既保持本国文化特色又和谐消融西方文化。主要措施如下:

1. 保证教学的目的性和计划性,让学生在学习中不仅只掌握表面的句式语法知识,还要深挖文字背后隐藏的深厚文化知识,形成相对完整的文化体系。

2. 保证态度的公正、理性、客观,尊重不同文化以及文学所承载的价值观念。

3. 要在文学所处时代下对文学作品进行分析，这样才能更好地把握作者思想，加强对于文学作品内涵的深入理解。

三、训练文化移情能力

文化移情能力的具备对于培养跨文化意识起着关键作用。各个国家、各个地区的文化都有其独特性，必须构建出一个相互尊重、相互理解的文化交流平台，加强各文化间的交流与理解。在相互尊重的基础上利用本土文化思维模式进行文学分析，才能真正做到对英语文学作品的深入理解。文化移情的目的就是脱离本土文化束缚对文学作品进行理解，这是主观意识的一种，且因为长时间本土文化浸染较难实现情感挣脱，这就对教学过程中的移情能力的训练提出要求，只有这样才能实现与不同文化背景的作者和谐交流，深入理解文学作品。

四、开展课外活动

课外活动的开展是补充教学方法的一种，可以有效弥补课堂教学中因时间限制而造成的跨文化意识培养困难。课外活动的开展打破了课堂时间和课堂形式束缚，让学生以多种形式切身体验文化差异，设身处地了解外国风土人情和生活方式。课外活动开展形式多样，包括情景剧、英语角、电影节、英语沙龙、读书会、辩论会等，这样的形式对于提高学生学习兴趣、促进中西文化交流都有积极作用，可以有效提高学生跨文化意识。

在中西交流日益频繁背景下，英语在我国教育中显得越发重要。加强英语交流沟通能力以及对英语文学的理解力是英语学习者的基本任务。英语文学的教学离不开培养学生跨文化意识，只有这样学生才能做到拓展知识面，提升语言理解力，提高综合能力。因此，学校要重视拓宽途径，以多种形式促使学生跨文化意识的形成，具体可通过提升教师能力水平、提升学生阅读量、注重分析文化差异、训练学生文化移情能力、拓宽课外活动开展形式等措施加以实现。

第五章　跨文化英语翻译教学

第一节　语言翻译的价值

翻译是伴随着人类语言交际而出现的。在人类社会发展过程中，翻译一直是使用不同语言的民族进行交际不可或缺的手段。翻译最初是以口头形式出现的，因此口头语言的翻译必定早于书面语言的翻译。而文字一经出现，各民族间的文字翻译也越来越多。正如个人谈吐显示个人素质，国家、地区、机构在跨文化交流中的翻译水平直接影响到其国际形象。

在人类社会前进的过程中，翻译的价值与作用不言而喻，它肩负着时代的需要、历史的重任，始终与社会的进步、文明的发展、科技的创新、人类的命运休戚与共，紧密相连。

一、语言价值

翻译的价值首先体现在语言方面，因为翻译从形式上来说就是一种语言转换活动。也可以说，翻译就其形式而言是一种符号转换活动。任何翻译活动的完成都要经过符号转换这个过程，翻译的语言价值就体现在具体的转换过程中。而要讨论翻译的语言价值,必然要涉及符号转换活动所带来的一些基本问题。下面从汉语和西方语言两个角度来探讨翻译对语言发展的价值与影响。

(一)从汉语角度探讨

梁启超对翻译问题有着深刻思考,他在《翻译文学与佛典》一文中,从词语的吸收与创造、语法、文化之变化等方面,讨论了佛经翻译文学对汉语的直接影响,并提出了许多重要观点。梁启超的论述涉及语言转换中的一个非常重要的问题。具体来说,源语中表达新事物、新观念的名词,如果在目的语中不存在相应的词语,译者很有可能采取两种方法:一是沿袭旧名词,二是创造新词语。沿袭旧名词有可能笼统失真,使得旧语与新义不相吻合,起不到翻译的作用,于是创造新词语便成了译者努力的方向。可见,正是由于翻译,汉语在不断的创新中得到了自身的丰富与发展。词语所带来的新观念的价值不仅在于汉语词汇的丰富,汉语实质的扩大更是思想观念的革新,这种直接与间接的作用是需要我们认真关注的。

实际上,随着经济全球化脚步的不断加快,各国间的跨文化交流早已呈现多样化与多层次化。而由于中国改革开放的不断深入,汉语同英语之间的交流也达到了空前的深度与广度,其中最明显的体现便是外来新词的不断产生。这些外来新词有的直接是音译,有的是随着中外交流的不断深入而逐步衍生出了新含义,还有的是外来词异化翻译的结果,它们都获得了人们的认同,成了汉语中的一部分。此外,还有大量的英文缩略语被移入汉语中,如 AA 制、VIP 等。不仅英语,日语中的大量词汇也被中国人习以为常地使用,如说某人可爱就会说"卡哇伊",如果某个人是恋爱高手就称其为"恋爱达人"等。正是通过翻译,才使得在汉语中有了很多形象生动的表达,从而促进了汉语语言文字的发展。

(二)从西方语言角度探讨

对西方语言发展史而言,翻译对语言的改造作用也在历史进程中得以体现。其中,马丁·路德翻译《圣经》便是一个具有深刻历史内涵的例子。事实上,在欧洲各国,翻译都起到了培育现代语言的作用,使得与拉丁语这种公认的"文明语言"相对而言的"俗语言",如西班牙语、德语、法语等,在翻译过程中不断丰富自身,在种种"异"的考验中显示了自身的强劲生命力,最终确立了自我。

翻译使得汉语语言更加丰富。实际上随着我国对外开放的不断深入,中国传统文化也在国外产生了广泛的影响,很多人开始接受中国文化,如中国人过年吃饺子(Jiaozi)而不是 dumpling,中国跨栏飞人叫刘翔(Liu Xiang)而不是 Xiang Liu,篮球名人是姚明(Yao Ming)而不是 Ming Yao。

对于翻译的语言价值,我们还可以从文学角度加以阐释。以中国文学为例,我国在1890—1919年经历了一次翻译高潮,大量的外国文学尤其是外国小说被介绍给中国读者。大量小说的输入使得中国传统的知识分子开始承认小说的独特价值,并将之纳入文化领域,使其置身于诗词古文作品之间。翻译小说还改变了我国传统的写作技巧,如西方小说注重心理描写与刻画以及细腻的景色描写,对我国文学产生了巨大影响。此外,文学翻译还直接促进了我国文学的现代化,它引入了新的思想内容,改变了旧有的文学观念,在新诗、话剧、白话小说的诞生与发展方面产生了巨大的作用。

二、社会价值

(一) 对社会交流与发展的推动作用

从本质上来说,翻译所起的基本作用之一,便是其基于交际的人类心灵的沟通。因为从源头上来说,翻译是因人类的交际需要而产生的。正是因为翻译,人类社会才从封闭走向开放,从相互阻隔走向相互交往,从狭隘走向开阔。翻译活动具有社会性的特征,其社会价值主要体现在它对社会交流与发展的强大推动作用。可以说,没有旨在沟通人类心灵的跨文化交际活动,即翻译活动,便不可能有人类社会今天的发展成果。

翻译作品可以使一个民族超越本民族、本文化的当下生活,给人们带来新的见闻、感动、感悟、灵智与启迪,使人们开始了从狭窄的地域史走向辽阔的世界史的心路历程。在中华民族的发展历程中,近代经典译作在不同程度上起到了推动中国社会文化发展的效应和作用,其中,具有深刻的思想内涵的《共产党宣言》的接受和传播是翻译对社会交流与发展起到推动作用的十分有说服力例子。

(二) 对社会重大政治运动和变革实践的影响

翻译对于社会的推动力,还在于对社会重大政治运动和变革实践的直接影响。以易卜生的《玩偶之家》这部剧本为例,我们从中可以清楚地看到这部剧本的翻译对于中国社会,特别是对中国妇女解放运动的巨大影响力。

《玩偶之家》中娜拉的形象对我们的影响之大是西方人难以想象的，遵循了数千年的社会习俗受到了挑战，个人开始维护他们独立思考与行动的权力。中国，这个在亘古未变的山谷中沉睡着的巨人突然从一个使人苦闷的梦魇中惊醒了。娜拉在"娜拉热"中也演变成一种符号，即成为我们心目中的"革命之天使""社会之警钟""将来社会之先导和妇女解放运动的先驱"。这个符号所揭示的《玩偶之家》的思想深度和广度由此可见一斑，而该剧在中国社会所产生的全面的影响力也为翻译的作用进行了有力的诠释。

（三）对民族精神和国人思维的影响

在这方面，鲁迅先生是一个很好的例子。启蒙，是鲁迅毕生的事业，而启蒙的重要方式，便是把异域的新的思想观念、精神生活介绍到中国来。在20世纪的中国，可以说鲁迅是对翻译事业做出杰出贡献的重要人物之一。而且，在翻译上，他有两个独特的方面：一是注意介绍弱小民族的精神生活、思想行动。与只把眼睛盯着西方强国的译者不同，鲁迅早年在日本时，便留心搜求被压迫民族的作品，并把它们译介给中国读者。因为他觉得弱小民族、被压迫民族与中国境遇相同，因而对中国读者更具有现实针对性，更能促使中华民族反省和觉醒，更能激发中华民族的血性、热情和斗志。另一方面，他希望通过翻译，改造汉语，从而最终改造中国人的思维方式。翻译对于精神塑造起着重要的作用，翻译可以通过改造语言，最终起到改造国人思维方式的作用。同时精神塑造和思维方式的重塑在本质上也是相通的，精神的塑造与思维的改造是推动社会变革的基本力量，而翻译对于这两者所起的作用往往是直接而深刻的。

三、文化价值

翻译在世界文明进程中扮演着重要而独特的角色。社会的发展、文化的积累和丰富与文明的进步是紧密结合在一起的，在前面探讨翻译的社会价值时，实际上我们已经涉及了翻译与文化发展的关系。当今翻译界逐渐达成共识，应当从"跨文化的交流活动"的角度来对翻译进行定义，这也就意味着我们应该从文化的高度去认识和理解翻译。

从一个民族内部来说，任何民族要想发展都不能没有传统，而不同时代对传统的阐释与理解，也会赋予传统新的意义与内涵。例如，纵观不同时代对"四书""五经"的不断"翻译"与不断阐释，我们便可理解，语内翻译是对文化传统的一种丰富，是民族文化得以在时间上不断延续的一种保证。而对民族之间的交流与发展来说，不同民族语言与文化之间的交流，是一种需要。任何一个民族要想获得发展，都必须走出封闭的自我，具备开放性和包容性。不管自身文化有多么辉煌，多么伟大，都不可避免地要与其他文化进行交流。在这种交流过程中，难免会出现碰撞甚至冲突，也正是在这种碰撞和冲突中，不同文化之间才得以渐渐相互理解，相互交融。从某种程度上说，这正是翻译的作用所带来的结果。可以说，翻译与文化的互动同在。

四、创造价值

翻译的创造价值体现并贯穿于前面所论述的语言价值、社会价值以及文化价值之中。从语言角度看,为了真正导入新的事物、新的观念、新的思路,翻译中就不可避免地要像梁启超所说,进行大胆的创造。如果说文学是语言的艺术,那么在翻译活动中,语言符号的转换更是具有创造的特征,"好的文学翻译不是原作的翻版,而是原作的再生。它赋予原作以新的面貌、新的活力、新的生命,使其以新的形式与姿态面对新的文化与读者"。从社会的角度看,任何社会活动都必须以交流为基础,交流有利于思想疆界的拓展,而思想的解放又构成了创造的基础。从文化角度看,翻译中导入的任何所谓"异质"因素,都是激活目的语文化的因子,具有创新的作用。

翻译的创造性既寓于翻译活动本身,又体现在翻译活动的整个过程之中。而翻译打开的新的世界,更是为人们进行新的创造起到间接但却广泛的作用。此外,在探讨翻译的创造价值时,还有一个非常有趣的现象,那就是在"创造"两字之前,有一个限定词"再"。这一个"再"字,连接着源语文化与目的语文化,也连接着具体翻译过程中所涉及的源语与目的语、原作与译作。"再创造"提醒我们不要割断两者的血脉关系,同时告诉我们,任何创造都不可能是凭空的创造,它应该是一个继承与创新的过程。当"本我"意欲打破封闭的自我世界,向"他者"开放,寻求交流,打开新的疆界时,自我向他者的敞开,本身就孕育着一种求新求异的创造精神。这种敢于打开封闭的自我,在与"异"的交流、碰撞与融合中丰富自身的求新的创造精神,这便是一种翻译精神,而这种翻译精神也构成了翻译的创造功能的源泉。

第二节 中西语言翻译的指导原则

一、国内现当代汉英互译的指导原则

新中国成立以后,翻译实践再次繁荣,翻译理论研究掀起热潮,翻译标准思想也迈向新台阶,可谓百花齐放。董秋斯最早强调了翻译理论建设的必要性、重要性和迫切性。他还指出译文的标准问题是翻译工作中比较重要的问题,说明翻译标准不仅要在理论中探讨,也要在翻译实践工作中发挥重要的指南作用。他的这些论述引起了翻译界的重视,进而引发了对翻译原则的讨论。重要的翻译原则具体如下:

(一) 神似的原则

这一观点是我国著名的翻译家傅雷提出的,他主张翻译以"神似"为原则。他认为中西方不同民族的思维和美学原则相差很远,西方语言有很强的分析性、散文性,而中文则有很强的综合性、诗性,这两种不同的美学原则使得双方的词汇表达存在很多差异,因此在翻译中求词汇的忠实对应就不容易,就不能迁就原文字面、句法,而要把原文的意义、神韵全部抓住。但他同时也认为不能完全不顾原文句法,而要在最大限度内保持原文句法,要确保尽管句法新奇却不失为中文。这表明傅雷认为原文句法的尽量保持要以符合中文句法为前提,以传达原文意义神韵为前提。在《〈高老头〉重译本序》中,他更为明确地提出了其翻译标准思想,主张翻译应当像临摹画一样,所求的不在形似而在神似。

在他看来，翻译与临摹画虽然都求神似，前者却更难，临摹时所用素材与法则均相同，而翻译中，译本与原作在文字和规则上都有很大差异，诸多困难决定了要在翻译中传神达意绝非根据字典照搬原文句法所能做到的，所以翻译之事难，即使是最优秀的译文，与原文相比，其韵味仍然难免和原文有所差距。但也不可因此而生畏难之心，翻译时可尽量缩短与原文之距离，尽力使译文不仅完好地传达原文之意义精神，而且是流畅完整的中文，不至于以词害意，或以意害词。傅雷一贯主张神似，认为翻译的标准在于神似，形似要以神似为依归，否则就应弃形似而求神似。

（二）化境的原则

钱钟书从对翻译的义韵训诂中演绎提出了"化境说"的翻译原则。他指出，"讹""化""囮"是同一个字，"译""诱""媒""讹""化"这些字一脉相连，意义彼此呼应，把翻译的作用、难以避免的问题、向往的最高境界都一一道出。这最高境界就是翻译的最高标准，钱钟书认为文学翻译的最高标准是"化"。这最高境界的"化"，在他眼中是把作品从一国文字转变成另一国文字，既能不因语文习惯的差异而露出生硬牵强的痕迹，又能完全保留原有的风味，那就算得入于"化境"。译文不牵强生硬也就是表达通顺地道，完全保留原文风味就是忠实于原文风格神韵，这样的译文就如原作的投胎转世，虽然躯壳换了，但精神依然保留如故，看不出翻译痕迹，读起来根本不像是译本。然而他指出，由于两国文字之间的距离，译者的理解与译文风格和原作内容与形式之间也难免产生距离，译者的表达与理解体会之间又时常存在距离，这诸多距离的产生,使得一种文字表达的内容要安稳达到另一种文字里会是艰辛的历程,难免会有遗失或受些损伤,最终的译文难免不能完全符合原文,这就是翻译之"讹"。

二、英语世界中汉英互译的原则

20世纪是西方翻译史上的又一个重要时期,这一时期翻译理论研究领域突飞猛进,相比前几个阶段,这一阶段的翻译研究更加深入,呈现出专业化、学派化的特点。以前的许多翻译观点、理论都散见于其他著述中,或是译本前言之中,而20世纪则出现大量的翻译论述专著,论述更加深入、系统,而且成家、成派、成体系。翻译标准思想也呈现出多样化的特点。这些观点不少都是围绕"对等"展开,如形式对等、意义对等、功能对等、效果对等。此外,还产生了翻译应受到翻译目的支配等观点。

(一)翻译对等的原则

这是20世纪西方翻译理论研究中的一个重要概念,认为翻译就是要追求译文与原文的对等。然而何为对等这一关键问题却存在很大分歧,对等是在于形式、意义、风格,还是效果与功能?主要有以下观点:

1. 形式与表达对等

形式与表达对等侧重于语言的表达层面,尽力寻求译文和原文在语言形式、表达方式上的对等,如词与词的对等、句与句的对等,其中"形式"一词是关键。此时的对等观虽然是力求形式对等,但并未完全牺牲意义和内容,这与之前的有些学者过于追求形式而忽视意义不同。

在形式对等的问题上，翻译的本质是一种语言（来源语）文本材料替换成另一种语言（译入语）中对等文本材料的过程。"材料"与"对等"两词表明注重形式，寻求原文与译文对等。事实上，有学者指出翻译理论的中心任务是定义翻译对等的性质和条件。对此，他区分了文本对等和形式对等，前者指译入语中一个形式（文本或其片段）与来源语中一个给定的形式（文本或其片段）对等，后者指译入语中一个范畴成分在译语中占据的位置力求与所译原语范畴成分在原语中占据的位置相同。"力求"一词表明完全对等难以实现。他指出，形式对等只能是近似，而且是在相对较高的层次更容易建立，为此就需适当的转换。《对应的原则》一书中表明，由于世界上不存在两种完全相同的语言，语言之间或在对应符号的表征意义上相异，或在词组、句子中这些符号的组织方式上相差，因此不可能有绝对对应，也没有完全精确的翻译。然而翻译仍需继续，并且一直都在继续。因此，翻译中译者须寻求最切近的对等，译者寻求的对等包括形式对等和动态对等。他认为形式对等"聚焦信息本身，既重形式也顾意义，此种翻译关注对应，如诗歌到诗歌、句子到句子、概念到概念的对应"，译者在翻译中需力求在文字和意义上再现原文的形式和内容。

2. 意义与内容对等

与前者相对，此种对等侧重于语言表达的意义和内容，首先关注的不是语言的形式和表达，而是力求忠实传达原文的意义和内容实质。持此观点的学者提出了提出语义翻译和交际翻译的概念，他们将语义翻译定义为"在译入语语义和句法允许的前提下，传达出原文的确切文本语境意义"。"确切"一词表明寻求与原文的语义对等是语义翻译的主要目的。他认为语义翻译"留"在原语文化中，因此更倾向于内容与信息性，而非效果。可见这种语义翻译重在把原文的信息、内容、语义传达出来，寻求的主要是意义与内容的对等。《翻译理论概要》一书探讨了翻译中的"确切"问题，其中将"确切"定义为"表达原文思想内容的完全准确和在修辞作用上与原文的完全一致"。可见，翻译中的"确切"是对其内容而言，是思想、意义的确切对等，而非形式的对等。要达到这种确切翻译，要以整体与部分之间达到一定的均衡为前提。也就是说，在表达形式上，不应寻求个别的形式对应、逐词对等，在传达整体内容与意义的前提下，可依据译入语习惯灵活处理，以求与原文意义和内容的对等。《论翻译的语言学问题》中区分了三种类型的翻译。该书认为语际翻译才是真正的翻译，这种真正的翻译"是要用译语替换原语信息，这种替换在于整体信息而不在单个独立的语码单位"，因此，真正的翻译在于两种语码之间的信息对等。

3. 效果与功能对等

效果与功能对等跳出了原文形式与意义的二元对立问题，立足于"外在"，即原语要达到的效果或者要实现的功能。"原语信息最贴近的自然对等"。该定义的三个关键词为对等、自然、贴近。其中"自然"的对等翻译必须符合三个条件：接受语语言与文化的整体特征，特定信息的语境和接受语读者。接受语读者的作用十分重要，动态对等主要目的在于对等的反应而非对等的形式，寻求的是让译文读者在自己的文化语境中产生相应的行为。把读者能否产生对等的行为、获得同样的反应作为目标，这超越了翻译的本体问题，触及了翻译的外在效应。因其"动态对等"一词容易产生误解而受到了一些质疑。传统上翻译准确与否主要依据原文和译文在词汇、语法上的对等来判断，然而翻译是否准确，仅考虑其词汇、语法方面的对等问题远远不够。翻译意味着交际，这与译文接受者的接受密切相关，因而，评判译文优劣不能只停留在词汇意义、语法层次、修辞手段的对等比较之上，接受者正确理解和欣赏译文的程度更为重要。因此，功能对等是很好的解决之道，因为功能对等就是要比较译语读者理解和接受译文的程度与原语读者理解和接受原文的程度是否相当。尽管如此，但以"读者反应"标准下的翻译，其准确与否存在诸多问题，比如难以确定原文读者如何理解原文，译文读者理解译文同样难以确定。译文能否准确取决于许多因素，比如原文本身的可信度、语篇类型、预期读者、译文使用方式、译文制作的目的等等，因此，功能对等也只能是处于一定准确度的范围之内，没有任何翻译与原文完全对等。换言之，对等只能近似，无法完全等同。交际翻译也是旨在力求效果类似，对等或近似效果要在交际翻译中力图达到。对等效果只能是一个理想结果，而不能作为所有翻译的目标。不同的文本类型对效果对等的要求会有差异，比如对于呼唤类文本的交际翻译而言，对等效果不仅是理想结果而且是必要的，而对于信息类文本而言，效果对等只是在情感影响（这往往并不重要）上才需要。可见功能与效果对等有其可取之处，但也有其问题。

（二）以目的为导向

"目的"事实上并非全新概念，古代就有要区别对待文学翻译和宗教翻译的意见，这实际上就是主张根据不同翻译目的采取不同翻译方法。译文风格取决于读者的要求，这说明不同读者对象需用不同译法，同样是目的带来的差异。根据目的观，翻译不能单纯谈形式、意义等忠实、对等问题，目的是出发点，也是归宿。可以认为目的观主张以是否达到翻译目的为实施和评价翻译的标准：目的达到则符合标准，否则不符合标准。翻译标准目的观主要体现于德国目的论一派。目的论认为"翻译"一词无法概括翻译活动的所有形式，传统的文字翻译只是其中一部分，于是提出以"翻译行为"取代"翻译"，"任何翻译行为，包括翻译本身，都是一种行为，任何行为都有其目的、目标"。可见，该派把翻译置于人类行为之中来研究。我们知道人本质上区别于其他动物，是因为人会思考、有理性，人的行为都有目的，会产生一定的结果，结果的评价需考虑其预期目的是否实现。翻译行为也是如此。根据目的论，翻译行为无论最终结果如何，最终的评判标准要看是否实现了预期翻译目的，目的实现，则翻译行为圆满，否则就是失败。可见，在目的论看来，翻译行为始于目的，终于目的，以目的实现与否为标准。

(三) 忠实原则

忠实也是西方翻译研究中的一个重要概念，是从译文与原文的关系谈翻译标准。翻译标准的忠实观认为，翻译就是要还原原文的本来面目，将其忠实地再现给译语读者。上文阐述的对等概念其实就是在一定层面的忠实，如形式对等就是忠实于形式，只不过在术语上称谓不同。忠实的对象是原文的精神实质，因此翻译并不是把外语单词译成母语，而应该传达原文中的感情、生命、力度和精神。在忠实于原文精神的问题上，既要忠实于原作的优美之处，也要忠实于原作的不足之处。由此可见，翻译中的忠实就是在译文中呈现原文的本来面目，不增不减，而不可与原文竞赛甚至超越原文。忠实性是衡量翻译成败的最高标准，忠实有对原文的形式忠实和意义忠实之分，但无论是绝对忠实于原文的形式和内容，如科技翻译，还是首要忠于原文的实质内容，如文学翻译，忠实都是翻译遵循的最高标准。

第三节　跨文化英语翻译教学中的重难点

一、词汇空缺

词汇空缺指在某一特定文化中所具有的事物或概念在另一文化中没有其对等语或对应语，从而在翻译中双语转换时形成一种词汇空缺。这类词主要包括以下几个方面。

（一）生态环境方面

如汉文化中的"三伏""三九"等词在英语中就没有对等词。中国有竹，而英国却没有。

（二）物质文化方面

如汉语中的"饺子""汤圆""包子""长袍马褂""中山装"等；英语中的"cowboy"（牛仔）、"landing"（两楼梯间的平台）、"motel"（汽车旅馆）、"hotdog"（热狗）等。

（三）社会文化方面

如中国有"官倒""下海""走穴""关系""大锅饭""乌纱""衙门""全国人民代表大会""政工干部""统战部"等词汇，而英语中有"squash"（英国的壁球）、"jetlag"（因长时间的远距离飞行旅行而引起的生理时钟紊乱症）、"American Dream"（美国梦）、"telethon"（为竞选进行的长时间电视演说）、"House of Lords"（英国的上院）、"House of Commons"（英国的下院）、"hippies"（嬉皮士）等。

（四）宗教文化方面

如中国文化中的道教、阴、阳、八卦、阿弥陀佛、涅等，而英语中有"God"（上帝）、"church"（教堂）、"missionary"（传教士）等。

在翻译过程中，对这类词汇空缺的现象，多数情况下采用音译、释义或意译等方法进行翻译，如将"乌纱""衙门""阴""阳"分别音译为"Wusha""yamen""yin""yang"。还有一些文化含义特别丰富的词语，在翻译时必须通过注释来说明该词的语用意义，这样才能使读者了解原语独特的文化现象。

二、词义冲突

词义冲突是指源语词语所载的文化信息，与译语中的对应词语所承载的文化信息是互相矛盾的，也就是说，词语的表层指称意义相同，但各自所承载的文化含义不尽相同或者相反。在美国，个人主义的典型形象是移民初期身携长枪与斧头，敢于与饥饿、严寒、疾病做斗争的拓荒者，这种个人奋斗精神作为整个民族的文化精髓被传承下来。因此在西方人们重视个性的发展，普遍把个人主义视为个人价值的积极表现，"个人主义"，被视为"拼搏进取"的同义词，具有明显的褒义色彩。但在中国文化中，"个人主义"指一切从个人利益出发，把个人利益置于集体利益之上，只顾自己、不顾别人的错误思想。因此，在中国文化中"个人主义"具有明显的贬义色彩。

三、语义联想思维不同

触景生情，借物寓意，是各个民族共同的思维方式。但由于各个民族所处的文化氛围和自然生态环境不同，对于同一种事物、同一种景象、同一种颜色等，不同的民族可能会产生不同的情感反应或不同的语义联想，这也是翻译中需要跨越的一大障碍。

语义联想主要体现在英汉习语或成语的差异上。习语是一个民族长期以来在某种特定的社会文化条件下习用的形式简洁而意思精辟的、定型的词组或句子，是一个民族语言的精华。它往往和一个民族的历史背景、经济生活、地理环境、风俗习惯或心理状态紧密相连，因而更能体现语言中的文化因素。习语的整体意义并非其构成的词语意义的简单相加，而是一种引申意义、比喻意义，即联想意义。

英语和汉语中有很多词都带有浓厚的文化色彩。例如，"鹤"在中国文化中象征长寿。父母给孩子取名"鹤年""鹤龄"，希望孩子长命百岁。对西方人来说，鹤无法引起他们的类似联想。在中国人的心目中，"龙"是神圣的象征，是中华民族凝聚力的标志，中国人都把自己看作

"龙"的传人。汉语中与"龙"有关的词语无一不是褒义词,如"龙腾虎跃""龙飞凤舞""龙凤呈祥"等。但在西方人眼里,"龙"是残忍的恶魔和罪恶的象征。"狗"在汉语文化中是一个受到鄙视、诅咒的对象,与狗有关的表达法大都含有贬义,如"走狗""狗奴才""癞皮狗""狗眼看人低""狼心狗肺""狗仗人势""狗急跳墙""狗嘴里吐不出象牙"等。但在英语国家文化中,"狗"是一种宠物,得到人们的广泛喜爱,是"人之良友",甚至被看作家庭中的一员,讲英语的人很难理解为什么"走狗"在汉语中是个贬义词。对他们来说,"dog"是可爱的。在英语语言中,对"狗"的赞誉屡见于谚语或习语中,例如,"a lucky dog"(幸运儿)、"Every dog has his day."(凡人皆有得意日)、"Give a dog a bad name and hang him."(欲加之罪,何患无辞)等。

英语中的"peasant"在概念意义上与汉语中的"农民"对应,但在内涵意义上却有很大区别。在英语中,"peasant"的内涵意思是"一个社会地位低,教育水平差的人"或"乡下人,土里土气的,没教养的人"。而在汉语中"农民"没有这些贬义。

同样,颜色词的联想意义在英汉语中的差异也是很大的。红色在汉语中是喜色,它象征着喜庆和欢乐,是褒义最浓烈的一个词,如"红火""红运""红包""红太阳""开门红""红豆"等;还有婚礼上红装的新娘子、庆功会上英模披红绸、戴红花,都表示喜庆、昌盛、幸福。而在英语中则大相径庭,英语中红色大都与暴力、流血和战争有关,用它来表示危险、发怒、禁止,例如,red alert(紧急警报)、red flag(禁止)、red ruin(火灾)、a red battle(血战)等。同样的态度还体现在白色上,对中国人来说,尤其是在过去,白色一直是丧礼的颜色,丧者家人在治丧时必须穿白衣、戴白帽、挂白幡、系白腰带或胸佩白花以示悼念,因此,白色具有死亡、伤感、肃穆的联想意义。而在西方,white 表示纯洁无瑕、幸运吉利,例如,white day(吉日),days marked with a white stone(幸福的日子)。在西方的婚礼上,新娘总是身披白色婚纱,给人一种圣洁高雅的美感,象征爱情的纯洁珍贵。

四、语用含义差异大

语用含义指词语所蕴含的民族文化含义。文化的渊源不同,词语所承载的文化含义也必然有所不同。在特定的文化语境中,词语表层的指称意义与深层的言内意义可能有所不同,或同一事物在不同的文化背景中所引起的语义联想不同。因而这些词语的翻译就涉及沟通和移植异族文化,以达到语用意义的等值转换。译者在处理这些词语时,必须采用释义或加注等方法,使译语读者了解原语文化背景知识和理解句子的隐含之义。

"willow"在中国文化中,常用以喻指春天的来临和春光明媚,或借柳树抒发离别思念之情,故有"春风杨柳万千条"和"昔我往矣,杨柳依依,今我来思,雨雪霏霏"的优美诗(词)句。而在西方文化中,古时候有戴柳叶花圈以哀悼死者的习俗,故"to wear the willow"有"痛失心爱的人,思念亲人"之意,而这种联想意义在中国文化中是没有的。

"醋"在中国文化中喻指一种不健康的嫉妒心理,如"吃醋""醋罐子"等。在西方文化中,"醋"只是一种调味品,很难把它与嫉妒联系起来。因而在汉译英时，必须采用释义或加注等方法将"醋"的语用含义在英语中再现出来，以便西方读者了解中国的文化背景知识和理解句子的隐含之义。

第四节　英语翻译教学的问题及发展建议

一、英语翻译教学中的问题

（一）英语翻译教育模式过于固化

跨文化背景下，因为高校英语翻译课程教育模式过于固化，导致学生对翻译知识的学习兴趣难以被激发。诚然，高校英语翻译作为日常表达的英语口语教育，过于固化的课程教育模式，在较大程度上束缚了学生群体思维能力发展，同时也导致跨文化教育元素的缺位。现如今，部分高校在英语翻译课程教材文本方面存在更新不及时的问题，使得学生所学内容普遍脱离社会发展现状。以跨文化为导向的英语翻译应采用多种形式回答，然而教材文本所呈现的内容只是少部分。除此之外，传统应试教育思想对我国高校英语翻译课程教育具有深刻影响，既是师生群体共同追求的目标，也触及英语四级与六级考试、英语专业六级与专业八级、翻译过级等各类考试。一般来说，考试的形式和内容对学生群体基础知识具有硬性要求，同时也对学生群体基本学习程度具有保障作用。诚然，此种方式亦存在明显缺陷，即该方式会导致多数学生逐渐失去自我拓展和提升的意愿。多数高校学生对于自身应试教育成绩的重视程度较高,这不仅对学生群体学习灵活性造成较大限制,而且也无法满足高校英语翻译教育基本要求,最终对跨文化教育有序开展造成阻碍。

(二) 英语翻译教材文本相对单一

在高校英语翻译教育活动中引进跨文化教育,教材文本是教育活动顺利开展的重要载体。然而,现如今高校英语翻译教材文本涉及的内容相对较少,难以满足学生群体全面了解和掌握各国文化内涵的要求。一方面,教材文本内容更新不及时,优化速度放缓,导致学生所学知识和社会发展相脱节,并且学生在教材中难以看清真实世界情况,同时亦无法深刻感知各国语言所蕴藏的特殊文化内涵。另一方面,对于高校所开设的英语翻译专业而言,其选择的教育内容缺乏较强条理性与系统性,导致学生实践训练机会不足,英语表达能力和翻译能力无法获得提高。如此一来,导致翻译专业教育、学习目标与其他专业英语教育并无明显区别,只是为了满足应试教育体制要求。基于高校英语翻译课程教材文本内容而言,国外名人格言及座右铭等诸多传统语句方面的翻译相对较少,同时也缺乏对专有名词含义解释的深入介绍和讲解,导致学生难以在翻译实践中深刻理解其含义。特别是在诗句翻译过程中,鲜少体现西方国家特殊的价值观念与情调,语言特殊魅力并未充分展示。如此一来,学生在英语翻译过程中只是译"形",而缺乏更深层次"神"的表现形态。

(三) 英语翻译教师知识掌握不足

目前,多数高校英语教师普遍存在跨文化教育理论和相关知识掌握不足的问题,与学校制定的教育任务要求还存在一定差距,难以充分满足高校学生对跨文化背景下的英语翻译学习需要。究其原因,多数教师对于英语国家地区的文化知之甚少,并且高校英语教师普遍为师范毕业生担任,其在认知和了解国外文化层面普遍依托于新媒体平台的传播。从本质上而言,高校英语教师和学生群体的信息获取渠道具有较高相似度,在翻译课堂教育中,教师难以最大化发挥教育功能,尤其是部分教师在中西文化差异层面所掌握的知识甚至少于学生。英语教师在翻译课堂教育中,鲜少为学生讲解多样性课外知识,使得课堂翻译学习环境过于沉闷和枯燥,学生个体主观能动性无法充分发挥。另外,部分教师在英语翻译课堂中简单地为学生讲解教材文本中涉及的词汇及语法知识,鲜少为学生讲解和分析英语词句蕴藏的深刻内涵,过度强调学生机械化记忆,导致学生英语学习能力及翻译能力难以获得提高。

二、英语翻译教学的原则性建议

(一) 开放发展原则

英语翻译教学本身具备开放性特点,基于此特点促进教与学双向互动,完善学生知识架构,促进其学习能力提升,为学生翻译能力的提升奠定良好基础。学生在学习过程中不断加强对英语的全方位认知,促进自身个性化发展,提升学习的动态化,能有效实现学习能力的提升。时代的不断发展也使社会人才需求发生变化。坚持开放发展原则,可切实根据社会需求转变人才培养理念,也能以此提升毕业生就业能力。简而言之,时代的发展推动了英语翻译教学的优化和创新。基于开放性原则,促进英语翻译教学动态化转变,既是先进教育理念的落实,也是促进学生全面发展的需要。

(二) 因材施教原则

素质教育的发展和普及使学生成为课堂的主人,激发其主观能动性,根据学生个性特点进行因材施教,可保证翻译教学的系统性和规范性。也能基于学生学习需求,强化科学培养,助力主观能动性提升,激发学生学习热情。不同学生个性不同,教师需要根据不同学生特点展开分层式教学,分层式教学的展开既是对学生的尊重也是对多元化社会需求的重视。基于社会需求和人才发展需要加强人才培养,提升人才的翻译能力和翻译素养,可激励学生为社会发展与国家进步贡献力量。与此同时,因材施教加强对人才的尊重,引导人才在学习过程中了解传统文化魅力,有利于提升文化自信和制度自信,也能在教育演变过程中确保构建新时代教育体系,推动学生全方位发展,培养德智体美劳全面发展的新时代人才。

(三) 互动合作原则

互动原则不仅是指学习者和教育者的互动,也是指学习者与学习者的互动。新时代网络的普及和发展打破了传统英语翻译教学模式,为教学形式转变提供助力。学生基于自身发展需要加强个性化学习,利用互联网和同学与教师展开和谐互动,能有效拓展学习视野,加强对英语翻译教学的全方位理解和认知,确保自身综合能力与综合素养提升。师生互动是一项复杂的系统性工程,教育者与学生应基于相关问题展开交流和沟通。教师会对学生进行科学引导，学生也要加强对自身个性特点的认知，加强针对性才能确保因教师辅助和引导不断提升翻译能力。新时代学生需要具有较强的社会适应力，互动合作和沟通，使学生在小组合作学习时感受团队协作的力量，以此提升学生团队意识，助力保持教学的动态化和个性化，确保学生在合作互动中不断认知语言翻译教学魅力。

三、英语翻译教学的实践性建议

（一）创新教学手段，营造现代化民主训练氛围

基于学生翻译能力发展需要创新教学手段，构建互动化教学模式，激发学生主观能动性，有利于英语翻译教学步入新的发展阶段。传统英语翻译教学存在机械性，不利于学生个性化成长。创新教学手段时应以学生为主体，才能真正凸显英语翻译教学价值，促进教育效率的不断提升。

首先，确保因材施教，倡导学生自主学习。考虑不同学生的个体差异，根据学生自我发展规划，激发学生学习潜能，引导学生改变对学习的错误看法，使学生感受英语翻译学习的价值，养成良好的学习习惯。结合学生年龄、性格、学习策略等方面特点，针对其需求加强针对性训练与培养，引导学生强化自我评估，更有利于在正确的方向上前进与发展。例如，训练口译技能时，教师既要引导学生对相关口译技巧进行系统性处理，又要引导学生提升跨文化交流能力。另外，教师还可以根据学生知识掌握情况，展开分层式教学，以此提升学生的学习自信。

其次，构建互动式教学，打造民主化教育氛围。教学是教与学的双向互动。英语翻译教学展开过程中,引导教师和学生不断沟通和互动,营造民主化学习氛围,有利于激发学生主观能动性,打破传统教学模式弊端,确保学生在课堂中拥有话语权和自主权,转变被动接受知识的现象。利用互联网构建双向沟通的翻译教学环境,为学生模拟相关情境,引导学生在情境中加强口语训练,可强化针对性指导,更能活跃英语翻译教学课堂氛围。

最后,利用信息手段丰富翻译教学形式。教育技术的不断拓展使高校英语翻译教学迎来新的挑战与发展机遇,利用信息手段丰富教学模式,勇于迎接新时代教育挑战,促进翻译教学实效性提升,构建学生接受程度较高的英语翻译教学模式,可推动英语翻译教学现代化发展。教育者可引导受教育者利用机器翻译、人工智能技术等了解自身学习状态。利用互联网丰富英语翻译课程内容,构建翻译教学资源库,发展现代化教育,促进教学手段创新,也能进一步推动高校建设智慧化校园。

(二)完善翻译评估,强化对学生与课程的了解

加强翻译评估体系的进一步优化,能强化对英语翻译教学的全方位掌握,促进教学质量与效率的提升。将评估融入于教学全过程,对课程、学生、教材、教学方法进行全方位评估,切实了解教师教学中存在的问题,加强意见反馈,能为教学质量的提升奠定良好基础。以学生为例,对学生进行评估时,通过了解学生口语成绩,强化诊断性测试和水平测试,并对学生进行分组教学,以此确保教学的系统性和客观性。强化对学生的全方位了解,测试其对翻译规则与翻译技巧的掌握,使学生认识到自身的长处与短板,加强自我反思,优化自身学习方法。实践是检验

真理的唯一标准，引导学生在实践生活中承担相关翻译工作，锻炼学生翻译能力，可确保翻译评估的全面性与科学性。实践过程中可引导社会力量加强对学生的评估，以此为学生社会适应力的提升奠定基础。与此同时，教师可引导学生考取相关专业资格证书。相关证书能提升学生自身含金量，为以后就业提供良好帮助，也能让学生加强对社会需求的了解，提升学习的针对性与系统性。不同行业对翻译人员的口语能力要求不同，商务合同拟定时更注重文字的精准性，广告宣传时更注重修辞效果。基于不同客户不同需求引导学生保持学术的严谨性，熟练掌握相关英语知识和内容，提升其实战能力，在社会实践中总结经验，分析教训。基于多维角度加强对学生的评估，为其布置不同任务可加强对其综合素养和综合能力的全方位了解。

评估的最终目的不是将学生分为三六九等，而是要加强对学生的全面了解，希望以此强化针对性培训，确保英语翻译教学的有效性和客观性。评估评价应贯穿英语翻译教学全过程，强化对学生的系统性训练。课程评估时也要加强对课程设置与课时分配的综合考量。教师应基于学生及社会发展需要，创新课程考核目标，提升翻译课程有效性，助力教学工作开展，保证翻译教学质量的提升。对翻译课程进行评价时，要引导社会力量、教育者和受教育者对课程进行共同评价，促进多元主体加强对课程的评价，既确保课程的合理性和科学性，也能确保翻译课程评价具有借鉴意义，以此促进翻译教学有效发展和创新。英语翻译课程优化是教学质量提升的保障，促进其不断发展，能优化英语翻译教学格局，推动学生翻译能力不断提升。

(三)提升师资力量,加强英语教师的职业培训

英语翻译教学的创新和改革对教师提出更高要求。学校与相关部门应加强师资培训,推动教育发展,构建具有我国特色的教育体系。教师专业能力对教学质量和教学效率影响较大,教学能力及翻译能力较强的教师可有效提升教学质量。通过对高校教师进行全面分析和了解,发现教师不仅要精通教育学,更要精通心理学和信息技术,才能推动教育创新和改革。为提升英语翻译教学质量,学校应积极引导翻译教师参与相关科研工作。参与科研工作可提升科研能力,促进产学研一体化发展,并使其精通翻译本体理论,游刃有余地展开翻译教学。与此同时,教师应加强与同行的沟通和交流,拓展自身视野,这有助于翻译课程创新和优化,也能助力英语学科发展。从英语翻译教学角度来看,翻译教师职业培养还有很长的一段路要走。随着我国将传统的精英教育转为大众教育,学生数量越来越多,这也导致英语翻译教学难度加大。高校应积极招聘高素质复合型人才参与教育事业,也要健全相关福利待遇,确保引进人才后留住人才。一般翻译教师工作较为繁忙,可推动在职教师进行短期培训,引导教师通过互联网接受再教育,促进其与专家学者积极展开沟通和互动,以此了解先进的教育模式和教育方法,并在实践中运用相关方法。

不同高校发展特色不同,高校可立足于师资现状,重新规划教师培训体系,促进不同层次教师共同成长,才能构建具有自身特色的英语翻译教学模式。翻译教师需要具备终身学习理念,不断加强教学反思,才能在实践中成长。首先,高校要营造良好的教师培训环境,为教师预留

学习和成长的空间，加强对教师培训的重视和关注，给予教师物质与资金的双重支持，以此促进教师培养力量拓展，培养复合型团队。其次，健全教师培训制度。高校可根据翻译教师发展需要明确相关培养制度，确保职业培训科学化、规范化开展。最后，要丰富教师培养方式，基于教师发展需要引导翻译教师就外语教学方面进行深入研究，以此促进其综合素养和综合能力提升。

评价模式，从学生的微课学习时长、课堂反馈和考试成绩三个层面展开。对于教师的评价则需要从教师的微课教学规划合理程度，微课教学水平等层面落实。

第六章　跨文化背景下英语基础教学

第一节　词汇教学实践

词汇的学习贯穿于英语这门语言学习的始终，并且词汇教学也是英语语言技能教学非常重要的环节之一。在实际的跨文化背景中，词汇也是不可或缺的重要因素之一。词是语言组织中的基本单位，能独立运用，具有声音、意义和语法功能。词汇指一种语言中所有词的总和，也指某一范围内所使用的词的总和。

一、词汇教学的原则

为有效组织英语词汇教学活动，促进英语词汇教学的进步与改革，教师应树立正确的词汇教学观，从教学内容、教学目标、教学对象出发，遵循一定的教学原则，巧妙地策划和设计教学活动。总结来说，英语词汇教学应遵循以下几项原则。

(一) 数量与质量相统一原则

英语词汇极为丰富，而且数量庞大，英语词汇量是日积月累的结果。对词汇的掌握也应该是一个循序渐进的过程，无论是拼写、语义、用法等都应按照层次逐步提高,实际上这个提高的过程也是词汇教学在质的方面的发展过程。学生在词汇学习的自然推进过程中,逐步加深对词汇各个细节方面的认识,尤其是对词的各种意义以及用法搭配的掌握。学生的词汇学习是一个量与质并举的过程,词汇学习中的量包含学生所能达到的词汇量,质包含对词义的正确理解和使用,两者是相辅相成的有机整体。如果无法正确理解和使用词义,那么词汇量的积累毫无意义。词汇的储存和积累最终是为了语言意义的表达和交际。对此,英语词汇教学应遵循词汇数量与质量相统一的原则,以此原则来指导学生的词汇学习。学生对词汇的认知越全面,越是有助于学生学习和掌握更多的词汇,也就越有助于学生熟练运用词汇。

(二)兴趣激发原则

兴趣在英语学习的任何一个阶段中都发挥着重要的作用,在英语词汇学习中,兴趣依然起着至关重要的作用。"兴趣是最好的老师"。如果学生对英语词汇学习有兴趣,那么学生就会有持续的动力,词汇学习就会一直坚持下去,而且学生会带着强烈的欲望去练习英语,寻找一切机会提高自己的词汇水平,在不知不觉中,学生的词汇能力就有了提高。反之,如果学生对词汇学习失去兴趣,那么学生将没有学习的动力,学习效果也会不佳。所以,在英语词汇教学中,教师应有意识、有步骤地激发和培养学生学习词汇的兴趣,通过设置多样的教学活动来引发学生的好奇心,培养学生学习和使用词汇的兴趣,进而扩充学生的词汇量,提高学生的词汇能力。

(三) 联系原则

词汇的记忆和掌握是枯燥而又困难的事情,所以教授学生如何有效地掌握词汇就成了英语词汇教学的重要内容之一。英语词汇数以百计,但其核心词汇数量并不多,而且大多数为多义词。同一个词汇的多个意义之间往往是相互联系的,构成一个彼此相关的概念群。有些词汇因词义上的紧密联系,常常会形成记忆中的词汇链,只要掌握其中的一个,其余的就会被记起。因此,在英语词汇教学中,教师应根据这一规律指导学生将新词的学习同旧词相联系,指导学生掌握一词多义之间的相关性,使学生掌握词汇意义的构成规律,从而达到温故知新、掌握词汇意义的目的。

(四) 文化对比原则

语言与文化是密不可分的统一体,任何一种语言都根植于某种文化中,而文化也会通过语言作为其重要的表现形式。学习英语词汇不仅要掌握词汇的基本意义,还要掌握词汇的特定文化内涵和词汇在不同文化背景下所体现出的文化差异。例如,汉语中的"知识分子"和英语中的 intellectual 基本含义相对,但文化含义有很大差异。"知识分子"在中国不仅指受过大学教育的人,甚至在偏远的农村中学生都被看作"知识分子"。但是在欧美国家,intellectual 仅指大学教授等有较高学术地位的人,其范围要比中国的"知识分子"小很多。因此,在英语词汇教学中,教师应让学生对词汇的文化内涵和文化差异有深刻的理解和领会,只有这样才能使学生更加有效地运用词汇。

(五) 语用原则

尽管词汇教学涉及的内容与范围都比较广泛，但其核心问题仍然是让学生高效地掌握一定的词汇量，并将它们有效地运用于交际。对此，在英语词汇教学中，教师要有意识地创造各种语用环境，鼓励学生将词汇与听、说、读、写联系起来，并通过听、说、读、写等方式进行运用，进而全面提高学生的词汇运用能力。此外，教师还可以根据不同的学生特点，按照不同的要求，将词汇与语境结合起来，通过创设生活情景、模拟交际情景等，引导学生理解、记忆、掌握和运用词汇。

二、英语词汇教学的特点

在英语词汇教学中，词汇教学呈现出其自身固有的特点。其主要有以下几个方面的表现。

(一) 词汇教学的基础性

词汇教学是语言教学的基础环节。学生只有掌握了一定量的词汇，才能更好地为语言学习中的各项技能奠定坚实的基础，并更好地服务于听、说、读、写等各个方面语言能力的提升。这些都很好地体现了词汇教学的基础性特点。

(二) 词汇教学的丰富性

从大学阶段来看，英语词汇教学内容十分丰富，涉及单词的词性、释义、习惯用法和搭配、文化内涵以及语用等。相应地，在进行词汇教学的过程中，也不能仅仅停留在词汇表层，应着眼于词汇的丰富性这一特点,向学生传授多元、丰富的词汇运用知识和技能,并使词汇的基础性作用得以真正、有效地发挥。

(三) 词汇教学的艰巨性

就大学阶段非英语专业的学生来看,其英语课仅仅只有每周4节,每节50分钟,在课时非常有限的情况下,英语课的内容却要面面俱到,通常要涉及口语教学、阅读教学、写作教学以及听力教学等。相应地,分配到词汇教学上的时间也就会比较少,英语教师要想在课时有限的情况下让学生对大量词汇有比较充分的理解,就非常艰巨。

(四) 词汇教学的文化性

具有丰富的文化内涵是词汇的一大特点,对一门语言的词汇进行教授其实也就是教授该门语言的文化。这就无形中决定了英语词汇教学具有文化性这一特点。因而,教师在进行具体的词汇教学实践时,不仅应强化词汇教学中的文化渗透,还应对教材中的英语词汇的文化内涵进行充分、有效的挖掘。增强词汇教学中的跨文化意识,有意识地向学生传授英语国家的地理、政治、历史、风土人情等文化知识,学习英语国家的诗歌、游戏、谜语等,让学生对中西文化的思维习惯、价值观念有更深刻的理解和体会,从而能够得体、准确地运用英语词汇进行跨文化交际。

三、词汇教学的具体方法

(一) 语块教学法

随着语料库语言学的发展,语块在语言习得与应用中的地位逐渐提升,并成为人们日益关注的话题。语块教学法对于培养学生的英语能力有着重要的作用,在英语词汇教学中的作用尤其突出。

1. 语块教学的理论基础

20世纪70年代,语言学家贝克尔和博林格最早提出了"语块"这一概念。它是指英语中一种特殊的词汇现象,是以整体形式被语言学习者习得并长期保存在记忆中,在使用时可直接从记忆中提取,无须语法生成和分析的固定或半固定、模式化了的块状结构。语块体现出三个方面的特点,一是结构相对固定,二是整体预制,三是易于提取。

语块是使语言输出变得快捷、方便、流利的关键。本族人的语言之所以那么流利,主要就是因为他们的词汇并不以单个词储存于记忆中,而是以短语、习语等大的语块形式存储在记忆中,当用到时就能作为整体提取出来,能够有效减少资源信息处理的困难。相比较来讲,只学习单个单词的学习者就需要更多时间来表达自己的思想。

学习者的英语语言知识应该是由各种语块组成的,而不是语法规则外的一些孤立的单词。因此,即使学习者已经具备了完整的语法规则和掌握了较大的词汇量,但他们的语言熟练程度依然存在较大问题。

可见,单纯的语法规则和词汇量并不能保证学习者有效使用语言,因为学习者使用语言的能力的关键并不在于掌握了多少语法规则,而在于存储了多少预制语块。可以看出,存储和掌握大量的语块能提高学习者口头和书面表达的迅速性和流利性,能够提高学生语言表达的自动化程度。这种能力就是语用能力,也就是在具体的语境中有效提取词汇组块进行使用的能力。语块能够作为整体进行提出,因此学习者只要稍微对其进行加工就能迅速说出或写出符合语法规则的句子，能够有效降低学习者因害怕出错而产生的焦虑，提高学习者的自信心。相较于常规的教学法，语块教学法更能提高学生有效运用词汇进行表达的能力。

2. 语块教学法的应用

通过上述理论知识可以了解到，在英语词汇教学中运用语块教学法能有效提高学生的词汇能力。对此，在英语词汇教学中，教师可采用以下几种策略展开语块教学。

（1）转移教学重心

在英语词汇教学中，教师应转移教学的重心，即将教学的重心从语法转向词汇，并鼓励和指导学生依据自己的需求大量吸收语块。斯凯恩指出，语言表达的流利性取决于词汇型的交际，而不取决于语法型的沟通。而中国英语教学一直以来都背道而驰，因此中国学生总是习惯运用根据语法规则生成的句子来进行表达，缺乏迅速将语块连接成话语的技能。因此，在英语词汇教学中，教师应有意识地纠正学生机械背诵单词的不良习惯，应重点培养学生对词汇的敏感性，让学生掌握辨认语块的方法，进而培养学生运用语块的能力。

（2）寻找课文中出现的语块

当转变教学重点，让学生明白语块的意义之后，教师在课堂教学中应重点锻炼学生寻找语块的能力。例如，在讲授某篇课文时，教师可对学生进行分组，并对课文进行分段，小组内容共同讨论相应语段中出现的语块，然后小组派出代表将讨论的结果写到黑板上，供其他学生判断和讨论。在学生讨论过后，教师要将学生找出的语块充分进行分类和讲解，以加深学生的印象。以小组讨论的形式寻找语块不仅可以调动学生学习的兴趣，而且能让学生掌握辨别语块的能力，还能丰富学生的语块积累，提高学生的词汇能力。

（3）进行语块产出训练

让学生寻找语块的最终目的是学生在今后的学习中能够有效运用这些语块，如运用这些语块进行写作、翻译或口语表达等。因此，在学生找到课文中的语块之后，还需要对学生进行语块产出训练，这是非常重要的。

（4）鼓励学生背诵课文，增强语块意识

除上述方法之外，背诵课文也是增强学生语块意识的有效方法。因此，在英语词汇教学中，教师应选取课本中部分具有较多语块的文章让学生背诵。通过背诵，学生不仅可以明白句子中出现的语法规则，还能锻炼自己的语感，并且能够掌握大量的语块。当学生熟练掌握这些语块之后，在日后的口语听力、写作以及翻译中就能有效运用，从而提高英语表达的地道性和流利性。

总而言之，锻炼学生的语块识别能力，能够增强学生的语感，让学生大量记忆语块，可以提高学生语言表达的准确性和流利性，也可以使学生在输出语言时更加自信。可见，在英语词汇教学中运用语块教学法能够为教师的教学提供新的思路。因此，英语教师应改变传统的教学观念，将词汇教学与各项教学融合在一起，利用语言将语言知识与运用结合起来，进而提高学生的词汇能力，提高英语词汇的教学效率。

（二）语境教学法

随着教学研究的不断深入，人们越来越关注语境对于英语教学的重要性，并将语境理论运用于英语教学。对于词汇学习而言，语境的输入对词义的确定、词汇的有效运用十分有利，因此语境教学法也广泛应用于英语词汇教学中。

1. 语境教学的理论基础

马林诺夫斯基提出了"情境语境"的概念，并认为理解语言要依赖于语言环境。之后，弗斯又系统、全面地解释了语境理论，他认为除语言的上下文以及语言出现的环境外，语境还包括整个社会环境、信仰、文化、经历等。弗斯将语境分为两种，分别是情景语境和言语语境。情景语境就是言语外的语境，如说话者的身份、关系以及文化、信仰等。言语语境也就是言语内的语境，如语言本身的上下文等。实际上，按照不同的标准，语境有不同的分类，这里就将语境总结为言语语境、非言语语境和认知语境三类。语境对语言有着重要的影响，对词汇的影响作用也十分突出。

词汇的意义由语境决定，词汇有自己的搭配，但不同的搭配具有不同的含义，可见英语中一词多义的现象很多。上述提到的言语语境是语言本身所具有的特点，如词与词的搭配、句子结构、语法结构的限制等，这些都可以塑造词语的不同意思。因此，借助言语语境学习者就可以确定词汇的意义、多义词的准确含义以及语篇中的指示语所指。可见，言语语境对词汇有着限制和解释作用。此外，非言语语境和认知语言也对词汇具有制约和解释作用。通过非言语语境，即通过交际情景和社会背景等，学习者在交际过程中就会根据具体语境选择不同的词汇来进行表达。通过认知语境，学习者就可以依据语境所提供的线索猜测词义，而且认知语境还能帮助学生理解和记忆新的单词。由此可以看出，语境对词汇学习和教学具有重要的意义。

2. 语境教学法的应用

鉴于语境对词汇的重要作用，在英语词汇教学中，教师应有意识地将语境理论运用于词汇教学，进而提高学生的学习效率。

（1）培养学生的语境意识

在大学阶段，学生对语境已经有了初步的认识，大部分学生能够根据语境来完成学习任务，如在做英语完形填空题的时候，无论是程度高的学生还是程度低的学生，都能根据上下文语境来选择词义。但有教师发现，学生运用语境的能力却不佳。虽然大部分学生能够根据语境选择和写出相应的单词，但是单词的形式常会写错，这就表明学生对语境的认识还不够深入。针对学生在交际中使用词汇不得体的现象，教师应及时向学生反馈，并在词汇教学中告诉学生某个词汇适合什么样的语境，在不同的语境中表示何种含义等，以加强学生的语境意识。

（2）利用各种语境进行词汇教学

学习语言的最根本目的是进行交际，也就是在自然真实的社会情景下运用所学语言展开交际活动。只有在真实的语境中练习语言，才能有效培养学生结合语境理解语言意义的能力和有效使用语言的能力。因此，在英语词汇教学中，教师应有意识地创设情景语境来进行教学，使教学生动形象，贴近学生生活，进而激发学生的学习兴趣，提高学生的学习效率。

教师可以模拟交际情景来呈现词汇,如在教授关于自然灾害的课题时,教师可以借助多媒体播放一些相关的影片、图片等,图文并茂的教学不仅可以调动学生的积极性,还能扩展学生的知识,加深学生的印象。在词汇呈现过后,教师可以创设虚拟语境来巩固学生的词汇运用能力,并使枯燥的词汇学习变得生动形象。例如,教师可以设计一些与语境相关的随堂练习,如单词填空、完形填空等,以加深学生对生词的理解和记忆,并领悟单词的用法。在一段时间的词汇学习过后,教师还可以设计情景语境来锻炼学生产出词汇的能力,其中角色扮演就是一项很好的活动。通过角色扮演,学生可以在真实的语境中运用所学词汇,而且这对提高学生的综合能力也十分有利。

(3)教授学生词汇学习策略

语境对学生猜测词义和记忆单词有着重要的促进作用,因此在英语教学中,教师应积极利用语境理论来教授学生词汇学习策略。这里主要对猜词策略和记忆策略进行说明。猜测词义就是根据语篇的信息语言结构、逻辑、背景知识等猜测和推断某一生词的含义,实际上也就是根据语境来猜测生词的含义。教师应有意识地指导学生根据上下文逻辑、句法结构、同义、反义、构词法等来猜测词义。

记忆单词对于学生的词汇学习的重要性不言而喻,如果学生没能记住单词,那么词汇运用也就无从谈起了。因此,帮助学生记忆单词也是英语词汇教学的重要内容。语境对词汇记忆有着重要作用,因此教师可引导学生根据不同语境来记忆单词。教师可以鼓励学生将单词与其上下文结合起来记忆，加深学生的印象。通过这种结合上下文的方式，学生不仅能加深对单词的认识，还能了解单词在不同语境中的搭配使用。此外，教师还可以指导学生通过适当的方式建立一个记忆网络，如通过词的语义联系，包括上下文关系、同义关系、反义关系等来建立记忆网络，这样学生不仅可以对单词进行归类，还能加深记忆。另外，通过词汇话题归属、范畴归类、词性等制作词汇图像也是记忆词汇的良好策略。在具体的教学中，教师可引导学生通过联想写出与某一单词相关的尽量多的词汇并制作成图，这是培养学生发散思维、提高学生记忆效果的良好策略。

（三）文化融入法

以跨文化交际为视角展开词汇教学时，不应单纯地停留在词汇层面，仅就词汇本身对词汇进行讨论，而应将视角放宽，从更宏观的角度对词汇教学进行思考，能够认清词汇教学本身其实就是目的语的教学。教授词汇其实也就是教授文化、交际、思考、学习以及语言等。如果以这样的思维方式进行考虑，就使词汇教学更具灵活性，并在词汇教学时更为关注词汇的文化背景。更进一步说，词义的问题通常就是文化的问题和思维方式的问题。在具体教授词汇时，还应从文化层面给予学生有效的引导，应引导学生从意义到文化、从文化到思维，只有这样，才能更加便于学生对词义的演变规律有更清楚的掌握，也能更好地激发学生对词汇学习的兴趣。因此，在词汇教学中，教师与其费力地对具体词的多义性进行讲解，还不如教授学生着眼于文化、思维这两个角度对词义转化的可能性进行推测。除此之外，教师还应重视词汇语用信息的呈现，对词汇意义中的文体意义、内涵意义以及情感意义这几大方面的语用信息给予充分的重视，将这几大信息视为语言交际运用的关键因素，密切关注词汇在使用过程中的得体性，让学生认识到如果用错，极有可能导致交际的失败。

（四）语言材料创新同文化内容融合法

以跨文化交际为视角展开英语词汇教学时，通常还可借助语言材料的创新同文化内容融合的方法。在具体的英语词汇教学实践中，要想较好地让学生掌握相关的词汇文化知识，通常需要依托于语言材料。只有同语言材料相结合才能更好地掌握词汇的内涵和意义等。从语言材料本身来看，大多是有关历史事实的介绍、目标语文化习俗、词语典故等方面的。长期的教学实践，有一部分语言材料通常被反复利用，致使学生在具体学习的过程中感觉枯燥乏味。为了更有效地激发学生的思维和学习兴趣，教师就需要对语言材料进行开发和创新，借此来提高学生对文化差异的敏感性并着重培养学生的跨文化意识。例如，教师可在实际的词汇教学实践中借助故事所创设的情境来辅助英语词汇教学，当然，也可以通过看电影、录像、举办专题讲座等方式辅助词汇教学。如此一来，就能让学生在听故事的同时理解、学习甚至应用单词，同时还能使文化知识在生动、有趣的故事中得到强化。

总之，以跨文化交际为视角展开词汇教学，通常应对词汇背后的文化给予密切的关注。这些丰富的文化通常涉及多个方面，要想能够引导学生熟练地输出，应先对英语的文化有比较深入的了解。了解英语国家的思维习惯和语言习惯。学习者在英语学习时应重点培养自己的跨语言文化思维。这也与词汇教学的目标，即在教授词汇的同时向学习者渗透文化，增强对英语学习的影响高度一致。

第二节　英语语法教学实践

一、语法对英语学习的重要性

语法是语言框架，是对语言所包含的规律性和不规律性的概括描述。语法教学会高效率地帮助语言学习者直接、清楚地了解目标语言的使用规范和实际运用规则，并使之富有逻辑性。具备扎实的语法知识可以更快、更准确地进行各项语言实践活动。语法是组词造句的原则，是把合适的词放进合适位置的艺术文化底蕴。语法包括词法和句法两部分。词法主要是指词的构成、变化和分类规律；句法主要是指短语和句子等语法单位的构成和变化规则，涉及句子的种类和类型。

翻译学的研究从词法开始，依次表现为句法、段法、章法及语篇。由此可知，词法和句法属翻译学研究的基础阶段。有语言家说过："语言是语法化的词汇。"也就是说，语言是按照语法规则组织起来的词汇。一句话表达得是否正确，主要是看它是否符合语法规则。正确的句子表达离不开扎实的语法知识，只有学好了语法，才能写出语法正确、句式灵活的句子；只有学好了语法，才能读懂文章中的长难句；只有学好了语法，才能快速提高自己的听、说等能力。总之，语法是构建语言的基本框架和基本体系，而非一个可有可无的部分或语言知识中锦上添花的部分。

英语和汉语无论在语言结构还是在表达方式上都存在着很大的差异。相对而言，英语句子复合句多，长句多。在实际翻译中我们常常会遇到这样的情况：一个英语句子在主谓结构之外，往往还会句中有句，错综复杂。因此分清主次、理顺关系是翻译中的一个首要环节。总体上说，英语讲究"形合"，也就是说英语句子严格遵守语法规则，句中的主、谓、宾、定、状、补等成分排列井然有序，而句子成分则可通过语法结构进行层层分析。

从事英语教学的教师在教学过程会观察到相当多的学生都不喜欢学英语语法。或许，在他们眼里，语法知识似乎是永无止境同时又枯燥乏味的。那么，中国学生为什么要学习英语语法呢？我们都知道，语言的习得需要语言环境的支撑。

但是，作为学英语的中国学生，是在缺乏语言环境的状态下学英语的，因而很难获得以英语作为母语的人所具备的语感。所以，只有掌握系统的基础知识和语法结构，才能提高获取英语信息的能力，才能事半功倍，从而真正提高英语学习的效率。其次，学生学习英语的目的是提高及完善自身在英语方面的听、说、读、写、译的能力，基于此目的，必须学好语法，原因具体如下：

(一) 听力方面

听力理解是一个复杂的心理过程。在听的过程中，听者需要用内在的知识（其中包括语法知识）把听到的话语按结构成分进行语音和语义切分，然后全面理解话语的含义。有些话语不但表达语义上的意义，还会包含不同的语用功能。所以听者除了需要了解一些社交和文化背景知识外，还必须有扎实的语法知识。虽然语法好并不意味着听力就一定好，但是语法薄弱一定会影响听力。

（二）阅读方面

英语语法与阅读密切相关。准确理解篇章需以扎实的语法知识、准确的语法分析为基础。因此，语法知识的掌握程度直接影响着英语阅读速度以及对所阅读篇章的正确理解。

（三）翻译及写作方面

英语语法的正确性是评价一篇英语文章水平或翻译水平高低的一个重要评判标准。在实际的阅卷过程中，语法错误，尤其是较为严重的语法错误，毫无疑问会被视为扣分点。设想一篇语法上漏洞百出、严重影响表达的作文会有什么好的内容呢？同样，语法上漏洞百出的译文能较好传达原文的意义吗？

（四）口语方面

英语语法知识是英语口语准确、流利的一个指南针。许多学生把英语口语想象得过于简单，以为只要能张口用英语说话，就是口语。其实，口语与语法、词汇等有着不可分割的联系，尽管口语中的语法不用学得太深，用得太复杂，但任何一个句子，无论长与短，无论简单与复杂，都一定会包含着语法。

综上所述，英语语法知识渗透于英语的听、说、读、写、译等活动中。从宏观上讲，语法学习的目的不只是为了掌握语法，更重要的是获得学好英语的工具。

二、英语语法教学的现状

英语语法在初中和高中英语教育中已经系统地讲授过,但不少学生读到大学阶段还是没有掌握好语法规则,在写作和口语应用里会出现许多错误,语法教学的成功与否关系到学生对语言的理解和应用。当前我国英语语法教学现状如下:

(一)语法教学与大学课堂实践教学不符

原有的英语语法重视教学,但与现在灵活的考试方式不符,教师认为学生在中学阶段就开始学习语法,所以到大学就没必要重复学习语法知识。

随着教学改革进一步实施和深入,人们已经认识到语法教学仍然是英语教学的一个重要组成部分,语法知识能够使语言材料的输入更易接受和理解。虽然很多教师认为语法教学在英语教学中非常重要,但过于重视语法不仅不利于英语的进一步学习和应用性练习,反而会影响学生学习其他的英语知识。

(二)教学方法不当

1. 语法教学方式单调

在语法教学中,教师用大量时间讲解语法规则的教学方式效果并不好。

2. 语法教学内容缺乏系统性

语法是语言系统的体现,系统性原则要求语法教学要依据教材中的语法系统来讲解,即语法内容的选择应符合现代交际原则和应用规范。

3. 语法教学缺乏交际性

英语教学中的语法教学一般在讲解课文和练习中进行,没有系统性,多数教师在课堂上采用的是以教师为中心的授课方式,没有创设交际性语言环境,缺乏交际性。

4. 语法教学缺乏多样性和趣味性

大多数教师在英语教学时不能从学生的角度出发来设计教学,教学方法单一、缺乏趣味性,学生体会不到学习的乐趣,也激发不了学生的学习兴趣。

三、英语语法教学原则

很多语法知识是学生在中学阶段就已经获得的,学生在英语学习时必然出现被动、消极的态度。教师要尽力激发他们的学习积极主动性,并能对语法现象进行正确、合理的分析,鼓励学生在实际中灵活应用。语法教学应在一定原则和指导下有序进行。我们提倡采取灵活多样的教学方法,精讲多练,重点在应用,循序渐进,全力提高语言综合运用能力和交际能力。

(一)英汉对比原则

我国学生学习英语语法必然会受到汉语母语的影响,所以,教师在英语语法教学过程中必须意识到这一事实,在教学实践中要想办法克服,使学生对汉语和英语之间的差异产生敏感性,减少负迁移作用,从而加速学生英语学习的进程。

（二）语法教学交际性原则

真正的语言能力是在交际活动中一步一步培养出来的，所以语法学习不应该在孤立的句子和语法的固定规则中进行，教师在教学过程中应以教学内容为中心，让学生在贴近生活实践的语言材料中感知、理解、品味和学习语言，发展语言应用技能，培养交际运用能力。

（三）实用性原则

实用性原则要求教师在语法教学过程中必须详略得当，有主有次，对于如定语从句、虚拟语气等常用语法知识应结合课文和练习进行系统讲解，课后要反复操练。实用性原则最为直接的体现就是选择和处理语法教学项目。针对第二语言学习者来看，下面的一些语法内容的教学价值更为明显：其一，一些最基本、最常用的语法内容，这些内容更具典型性、规范性和普遍性。其二，极易发生偏差和错误的语法内容。其三，语法项目用法上的一些具体的适用条件和限制条件。实用性原则又被称为统领性原则，各个角度的实用性问题又在各项原则中有更具体的体现。

（四）多样性原则

多样性包括活动、话题、评价以及教师指令的变化性。

（五）针对性原则

针对性原则具体体现为针对国别语种、针对语法要点和针对水平层次这几大方面。

1. 针对国别语种

针对国别语种具体包括以下两方面的内容：其一是语言特征的差异性，其二是文化在语言中的渗透。一门语言同另外一门语言所表现出的具体差异，通常同其民族观察和认识世界的角度与特定的区分世界的范畴存在着密切的关系，并且会自然地在语法中渗透出来，而且在语言的选择和搭配方面有所反映和体现。语言作为文化的载体，文化因素的渗透不仅会在词义内涵上有所体现，而且还会在语法的组合聚合关系上有所体现。因而需要在具体的语法教学实践中进行有针对性的处理，并做到重点突出。

2. 针对语法要点

针对语法要点主要体现在以下两方面：其一，按照学习者的层次水平，对语法项目进行阶段性的处理，阶段不同，其所体现的教学要点通常也存在着一些差异。其二，结合不同阶段的教学要点，进行直接针对问题点的具体教学处理。例如，问题的要点、操练的模式以及偏误的类型等，应突出具体的语法教学要点。在备课时就要进行有针对性的分析和预测。如采取怎样的教学模式规避类似问题的发生。总之，应针对具体的用法将语法教学细化，精确语法教学的切入点，选好、选准导入和操练的角度。

3. 针对水平层次

水平和层次具体指的是学习者对语法知识的接受水平和理解程度。任何一项语法项目应用怎样的言辞表述，怎样的方法进行传授，应讲解到何种程度通常都要根据教学对象的特点具体确定。就初级阶段的语法教学来看，在语法教学内容上更加适合以局部具体项目为着眼点，不应进行过多的知识性的综合。操练方面应以点练习为主要形式。就中级阶段的语法教学来看，通常需要对一些局部的语法知识进行一定的整合，并辅助少量的解释，能够让学习者知其所以然，可运用一些对比、比较来深化知识，但是，依然需要以练习为主体。从高级阶段的语法教学来看，通常应以提高、补充以及综合表达之类的语法教学为主，需要学习一些同语境关系比较密切的用法和句式，并讲解和对比一些预设、语境、篇章相关的词语，需要将初中级已经学过的一些具体、单一、感性的语法知识进行整合，让学生对语法知识有更系统、理性的认识和掌握。

（六）操练原则

操练原则具体指的是在开展语法教学的过程中应进行大量的句法形式、意义关系以及实际应用之类的操作性的训练。这一语法教学原则可以被视为对语法教学性质理念的最为实际和直观的检验。在具体操练的过程中，教师扮演着引导者的角色，旨在帮助学生来认识和理解一些语法现象、使用规则和规律等，从而更好地建立起语法的认知系统。当然，学生所进行的操练通常是在教师讲解的基础上，教师在讲解时应提纲挈领，抓住一些关键点来讲，讲授一些富有启发性、实用性比较强的语法内容，操练时应密切配合讲点，从各个不同的角度、层次、语境以及侧面来进行多样化的实际性练习。

四、英语语法教学特点

（一）将语法知识贯穿在教学活动中

非常有必要将语法教学融入整个英语教学中。语法作为英语的一部分，可以与听、说、读、写、译能力培养相结合。教师也可以围绕某些语法形式进行一些联系社会现实的交际活动。

（二）通过精选练习来复习巩固语法

语法学习后，教师应全面通读教材，将知识进行归纳整理、概括分类，科学合理地安排练习。

根据英语语法教学特点，在语法学习时应注意避免两种不良倾向，这两种做法易走极端。一种是认为学习英语就是学习语法知识，另一种是忽视语法对语言运用的指导和引导作用。英语教学的理论和实践证明，这两种倾向都具有片面性，倾向于任何一种都不利于英语学习。虽然语法是人们对已有语言现象的归纳和总结，但任何语法体系都不可能滴水不漏地囊括和解释所有的语言现象。切忌用汉语语法规则类推英语语法规则和使用原则，因为他们在遣词造句规则方面存在很大差异。英语重形合，汉语重意合，英语句子会用许多语法规则将若干短句连接起来，在形式上具有完整性，在内容上具有严谨性，而汉语则善于应用短句来表达含义。英语语法中有些部分和我们汉语类似，在细节处理上和汉语语法还是有区别的，学生在理解与掌握英语语法方面会有一定难度，要针对英语语法的特征来教学。

强调提高学生交际能力的英语教学改革并不是完全摒弃语法教学。语法教学是英语教学的一个重要内容,不能忽视。英语语法学习比较枯燥、乏味,学生免不了会出现积极性不高和不够重视的情况,必须以教学策略为指导,使学生对英语语法知识形成全面、牢固的认识和掌握。

五、跨文化背景下英语语法教学的意见

(一) 更新传统英语语法教学观念

英语教学的管理者、教师和学生要有一个统一认识,更新传统的英语语法教学观念。英语教师应充分意识到语法教学的重要性,从而在英语教学中进行合理安排。对大一学生授课应每周进行语法教学与练习。在课上教师应该对语法进行系统讲解。对基础差的学生进行特别帮助和指导,让其树立语法学习的信心。在目前英语教学课时少、内容繁多、任务比较重的情况下,可以有目的地开展教学,可以通过调查后把学生认为难点和弱点的语法内容列为教学重点,穿插在平时的教学中,如完成时态、非谓语动词、虚拟语气定语从句等,也可补充一些学习中常碰到的语法,比如倒装用法、独立结构等内容。讲完语法之后教师要安排造句练习等相关练习,让其在实际应用中提高运用语法知识交际的能力。教师要帮助学生在大一打下良好的语法基础,这对他们在未来较好地运用语法进行表达与交际极为重要。

(二) 采用多样化的教学与练习形式

在英语两年的教学中,语法教学应该贯彻始终。重视语法教学不意

味着单纯地灌输语法或者做语法分析。教师必须采用多样化教学，从而提高学生学习语法的兴趣。语法教学要教学生如何用语法去读懂英语文章，如何去写作和翻译，如何去进行口语表达。比如，在讲课文时可以教学生通过对长句、难句的分析理解来巩固其语法知识，同时，要训练学生运用刚学过的语法进行造句和翻译或写作练习，提高其笔头交际能力。在学习课文信息回答问题环节，可以让学生把刚学过的语法应用到组织问题答案中，提高其用语法表达语义的口头交际能力。教师不仅要让学生做选择、填空、改错等系统练习，还要让学生做口语表达练习，比如，把学过的语法用于组织对话和即兴演讲，把他们学过的语法知识转变成实际应用能力，以帮助他们按英语的思维习惯来进行各种交际，切实应用好英语。

应用是外语教学的根本目的，所以功能教学法又称为交际法。它要求教师把语言交际作为全部教学的出发点，同时要求学生把课堂上的所学的语法知识应用于生活的实际语境中。教师要教会学生创造性地、有目的地运用英语进行交际，使学生把所学的语法知识在新情境中重新组织，恰当表达学生的情感思想。同时，教师应把语法教学融于交际活动中，以使教学过程交际化。教师要选择适合英语交际的语境，帮助学生把语法知识应用于实际中。比如教师教了虚拟语气这个语法后，就可以让学生即兴编个对话或者造句，来应用这个语法，提高其口语交际水平。通过这种在语境中的体会学习，学生可以更好地记住经典例句，从而更好地掌握语法，学会交际。

由此可见，仅仅要求学生死记硬背语法规则，远不能帮助他们灵活应用语法。在课堂教学中，教师应该以各种口头和笔头交际活动为主线来融汇语法教学，引起学生的学习兴趣，培养其语法认知能力，从而使语法学习和交际能力相互融合。比如，在进行教授现在分词做状语的语法现象时，教师就应该把现在分词做状语的时态和应用语境告诉学生，让学生即兴造句子或者进行翻译练习，体会语境中的应用。教师在教学中要引导学生学会根据不同语境进行正确的语法交流，提高其运用英语交际的能力，从而实现语法的教学目标。在交际法的语法教学中，学生从传统的被动接受语法，转变成主动运动语法交际的主体，提高了学习效率与兴趣，受益匪浅。

语法教学是英语教学过程中极为重要部分，是培养学生交际能力的核心基础和教学目标。教师在课堂上应该为学生提供结合语境的交际活动训练，帮助其正确运用语法进行交际。教师在教授语法时要结合中国学生学习英语的特点，采用交际教学法来引导学生融会贯通地运用语法表达情感以及与人交流。只要语法教学注重实用性，与实践相结合，并在语境中学习与应用，就必能真正帮助学生练好基本功，灵活运用英语进行交际，达到英语语法教学的目标。

参考文献

[1] 戴庆厦.社会语言学概论[M].北京:商务印书馆,2004.

[2] 赵广发,胡雅玲,薛英英,等.英语实用文体翻译理论与实践研究[M].北京:中国水利水电出版社,2016.

[3] 赵红卫.大学英语教学模式与跨文化翻译研究[M].延吉:延边大学出版社,2022.

[4] 罗震山.跨文化视域下的当代英语教学新探[M].北京:中国书籍出版社,2019.

[5] 阮国艳.跨文化交际英语教学与研究[M].北京:中国纺织出版社,2020.

[6] 郭富强.新英汉翻译理论与实践[M].北京:机械工业出版社,2012.

[7] 杨敏.跨文化背景下的大学英语教学[M].北京:中国原子能出版社,2020.